教理随想

教祖《おやさま》を身近に

村上《むらかみ》道昭《みちあき》

道友社

まえがき

本書は、泉東《せんとう》分教会の機関紙『躍動の泉』に「教祖《おやさま》を身近に」のタイトルで、平成十七年から二十一年まで連載した四十九編のなかの三十四編を加筆修正し、書き下ろし六編を加えたものです。前編は『稿本天理教教祖伝』の記述に沿って、後編は『稿本天理教教祖伝逸話篇』の掲載の順序にしたがって配列されています。

主に、教祖のお言葉やお諭しをひもときながら、私自身が勇むことのできる悟りを書き綴《つづ》っています。取り上げている内容はすべて、たすけに関連するもので、タイトルが示しますように、教祖の五十年のひながたにおける親心を、昔のことや他人事としてではなく今の自分に向けられたものとして受け取り、報恩としての人だすけをせずにおれないようになること、それによって少しでも心の成人ができるようになることを、常に心に置いて書かせていただきました。

本書がたすけ一条の道を歩む人の、心の成人の一助となれば幸いです。

筆　者

目次

後編

装丁・装画——森本　誠

教祖を身近に　前編

月日のやしろ

いまなるの月日のをもう事なるわ
くちわにんけん心月日や　十二　67
しかときけくちハ月日がみなかりて
心ハ月日みなかしている　十二　68

『稿本天理教教祖伝』第一章「月日のやしろ」の最後に記されているこの二首の「おふでさき」は、天理教教義の根本を教示されたものです。親神様のお心は教祖《おやさま》のお口を通して伝えられる、つまり親神様が教祖のお身体《からだ》に入り込んでおられるということ、そして教祖は「月日のやしろ」であらせられるということを明示されているわけですが、この「月日のやしろ」とは、どのような意味をもつのでしょうか。

教祖は、他宗の宗祖・開祖のように、悟りを開いたり、霊感を受けたり、神の霊が乗り移ったり宿ったりなどして、単に神の声を聞き伝えたのではなく、人間創造のときの「み」様の御魂をもってこの世にお生まれになり、親神様が直接的にこの世の表に現れるための〝仲立ち〟をされたお方であります。したがって、親神様が仮の姿を取ってこの世に現れているわけでもありません。

教祖は立教以来一貫して、「月日のやしろ」として人間心はなく、月日・親神様のお心で五十年のひながたの道を通られます。それでは、教祖のお心と親神様のお心とは全く同一で、教祖は親神様のロボットのような存在であられたのでしょうか。

本席様は、おさしづに「席に入り込んだら神やで。なれど、入り込まん時は人間やで」（明治40・4・12）と示されますように、親神様が入り込まれないときは人間ですが、教祖は「地上の月日」であり、いつも神であらせられるということになります。

一般に「やしろ」とは、神のおわす場所、降臨する場所と理解されています。のちの本席・飯降伊蔵《いぶりいぞう》先生が、妻の身上をたすけられたお礼にお社《やしろ》の献納を申し出られたとき、教祖は「社はいらぬ」と即座に仰せられています。教祖は「月日のやしろ」であらせられるからですが、これは、教祖のお身体が「やしろ」であるという意味でしょうか。
天理大学の荒川善廣《あらかわよしひろ》教授は、この点について、「『やしろ』に相当するものは、教祖の身体ではなく、魂である」「魂が『やしろ』であるとすれば、身体は『やしろの扉』に相当する」（『「元の理」の探究』グローカル新書、24～25ページ）と解釈されています（このように考えますと、明治二十年陰暦正月二十五日夜の「扉を開いて地を均《な》らそうか、扉を閉まりて地を均らそうか」という問いの意味も理解されます）。
この解釈では、教祖は明治二十年に現身《うつしみ》をかくされてのちも「月日のやしろ」として存続し、いまも現実に人間救済のために働かれているということが「存命の理」として理解されることになります。

おふでさきに「やしろ」という語は四回出てきます。

しんぢつに月日の心をもうにわ
めへ〳〵のやしろもろた事なら　六　57

この意味を荒川氏は、「『月日のやしろ』という場合の『やしろ』は教祖の魂に限られるが、『めへ〳〵のやしろ』と言われた際の『やしろ』とは、側近を含む一般の人間の魂を指していると考えられる」（前掲書27～28ページ）と述べられていますが、果たしてそうでしょうか。

上田《うえだ》嘉成《よしなる》氏は次のように解釈されています。

「親神様が、心の底からお望みになっている事は、『めへ〳〵のやしろ』即《すなわ》ち、八つの道具衆のそれぞれの役割をつとめるつとめ人衆を親神様が全部おもらいうけになったならば。即ち、八柱の道具衆の役割をつとめるつとめ人衆が皆揃《そろ》うたならば、と」

（『おふでさき講義』203ページ）

つまり、「やしろ」とはあくまでも道具衆についていわれるもので、教祖の「やしろ」を含め八柱しかなく、一般の人間の「やしろ」というものは考えられないということになります。

このことは、次のお歌からも理解できます。

月日よりやしろとなるを二人とも
べつまへだてゝをいてもろたら
九　5

なにゆうもそれよりしかとうけよふて
たすけするぞやしかとみていよ　九　6

この「やしろとなるを二人」とは、教祖とこかん様のことと解釈されています。「べつまへだてゝをいてもろたら」とは、「普通の人間達のいる部屋とはちがう、特別の部屋にお住まいいただくようにしたならば」（『おふでさき講義』281ページ）という意味であると説明されています。

また、次のようにも明示されます。

月日よりひきうけするとゆうのもな
もとのいんねんあるからの事　十一　29

いんねんもどふゆう事であるならば
にんけんはぢめもとのどふぐや　十一　30

これは、こかん様の身上に関連してのお歌ですが、この「にんけんはぢめもとのどふぐ」とは、こかん様が「くにさづちのみこと」の御魂を持たれているということです。

おふでさき第九号から十一号は明治八年六月に執筆されていますので、そのときの史実を見ますと、明治八年六月二十九日（陰暦五月二十六日）に「ぢば定め」があり、九月二十七日にこかん様が三十九歳で出直されています。こかん様のお出直しについて、「理と情の板ばさみ」とか「教祖に背いた」などの説明がされていますが、親神様の立場からは、「出直し後も、やしろとして親神様とともにお働きになられる。それを親神様が急《せ》くために出直しさせた」との悟りもできるのではないでしょうか。

いま、でも月日のやしろしいかりと
もろてあれどもいづみいたなり　六 59

このお歌も、ここでは詳しく説明できませんが、「教祖が立教以来『月日のやしろ』として、明治二十年に現身をかくされるまでの間においても、現身を持たれたままで『存命の理』としてのお働き（御魂だけのお働き。『稿本天理教教祖伝逸話篇』四四「雪の日」、八八「危ないところを」参照）を親神様から頂いておられますのに、そのお働きを十分に使っておられなかった（私たちの成人の至らなさゆえに）」と悟れます。

このように悟りますと、

月日よりやしろとなるのむなさきの

つかゑてあるをなんとをもうぞ　十一　41
このつかへ人なみなるとをもうなよ
月日の心まことしんおい　十一　42

の意味も、「やしろとなるのむなさきのつかゑ」とは、「月日のやしろ」としての教祖の五十年のひながたにおいて、たすけ一条の道が十分に進められないことに対する教祖のお嘆きであり、同時に「月日のやしろ」である教祖を通して、たすけ一条を進めようとされている「月日の心」、つまり親神様の心配でもあると悟れます。

このことを前提にして、さらに思案を続けます。

親神様と教祖の、たすけ一条のお働きにおける具体的な違いはどのように考えられるでしょうか。

深谷《ふかや》忠政《ただまさ》氏は、「親神と教祖の関係はA≡Bで示される『全等』ではないが、A＝Bで示される『等しい』のである」（『天理教教義学序説』242ページ）と述べられていますが、その微妙な差異はどこにあるのでしょうか。

『稿本天理教教祖伝逸話篇』一二二「おふでさき御執筆」のなかで、親神様は教祖に「書いたものは、豆腐屋の通い見てもいかんで」「筆、筆、筆を執れ」「心鎮めて、これを読んでみて、分からんこと尋ねよ」と仰せられています。また、ほかにも「短気を出すやない〳〵」（『稿本天理教教祖伝』31ページ）、「今日は、何処《どこ》へも行く事ならぬ」（同35ページ）、「駕籠《かご》に乗るのやないで。歩け」（『稿本天理教教祖伝逸話篇』二五「七十五日の断食」）などと、教祖に対する指図、命令の言葉を発せられています。

これらは、「月日のやしろ」を理解できない人々のために、ご自分の心を親神様の心とご自分の心に分けられ、あたかも親神様の指図であるかのようになされた、とのうがった見方もできますが、「月日のやしろ」であらせられるということは「月日」そのものではなく、教祖は親神様とは異なった神（親神様から独立したという意味ではなく、親神様と不可分、不可同、不可逆の関係にある神）であると悟れます。

「くちハ月日がみなかりて」とは、親神様が教祖のお口を通して思いを伝えられる、したがって教祖のお言葉は、そのまま親神様の心である、ということですが、「心ハ月日みなかしている」とは、教祖が現身を持たれたまま「存命の理」としての不思議なお働きを見せられる、そういうお力を貸しておられるということではないでしょうか。

このように悟れますと、教祖五十年のひながたの道中に、これまでにはない新たな光輝が放たれ、その尊いひながたが単なる昔話として語り継がれるのではなく、いまの私たちにとって身近なものとして、たすけを急き込まれる教祖の、厳しくも親心あふれる道中として迫ってくるのではないでしょうか。

さらには、次のお歌の「月日」と「をや」のお働きにおける区別が、よく分からせていただけると思われます。

ぢきもつをたれにあたへる事ならば
このよはじめたをやにわたする　九 61
月日にハこれをハたしてをいたなら
あとハをやより心したいに　九 64

このお歌の「をや」は、親神様ではなく教祖のことであり、「親神からこのぢきもつを教祖に渡してさえ置いたならば、それから先は、教祖から心委《まか》せに、渡してやるがよい」（『おふでさき註釈』）と解釈しますと、ここにはっきりと親神様と区別される教祖の、

「月日のやしろ」としての独自の神的主体性を見ることができます。

　どのよふなたすけするのもしんちつの
　をやがいるからみなひきうける　七　101

　この「をや」は、親神様と教祖のどちらをさすか、解釈が分かれるかもしれませんが、九号64のお歌の解釈から考えますと、私たちは教祖を通して（ご在世中も、現身をかくされてからも）救済に浴せますので、教祖であるとともに親神様でもあると悟れます。

　親神様と教祖とは、「月日」と「月日のやしろ」として理においては一つですが、お働きにおいては二つの独立したものではない「二つ一つ」の区別があるように思われます。

「月日のやしろ」としての具体的なお働きが「存命の理」であって、「存命の理」としてのお働きは、主としておさづけを通してのお働きです。親神様のお働きは十全のご守護として万《よろず》一切に及び、人間創造をはじめとするそのお働きが「かぐらづとめ」によって教えられていると考えますと、両者は、「おさづけ」と「おつとめ」を通してのお働きと見なすことができます。

では、おつとめとおさづけは、どのようにつながるのでしょうか。

おつとめとおさづけは、たすけ一条の道として教祖から教えられたものですが、どちらが大切か優劣のつけられるものではありません。ただ、おさづけを取り次ぐときに唱える言葉が、かぐらづとめの第一節と同じことから分かりますように、おさづけはおつとめを前提としていて（このことを深谷忠政氏は「おさづけはいわばおつとめのポータブルみたいなもの」〈『みちのとも』昭和59年7月号、12ページ〉と、分かりやすく説明されています）、おつとめはおさづけによって補われ、より完全なものになるといえるのではないでしょうか。

「月日のやしろ」としての教祖は、おさづけによる不思議なたすけを通して親神様の十全のご守護に目覚めさせることによって、おつとめの勤修《ごんしゅう》を促され、おつとめの充実によって、親神様による真のたすけである「めづらしたすけ」が実現するように、昼夜を分かたずお働きくださっていると悟ることができます。

この意味では、「月日のやしろ」「存命の理」としての教祖と、親神様のお働きは、たすけ一条の一なるお働きの二つの側面であると悟れるように思われます。

黒疱瘡のおたすけ

「無理な願《ねがい》では御座《ござ》いますが、預《あず》かり子の疱瘡難《ほうそうむつ》かしい処《ところ》、お救《たす》け下さいませ。その代《かわ》りに、男子一人を残し、娘二人の命を身代りにさし出し申します。それでも不足で御座いますれば、願満《がん》ちたその上は私の命をも差上《さしあ》げ申します」

（『稿本天理教教祖伝』21ページ）

これは、教祖が三十一歳のころ、乳不足で発育が悪くなっている隣家の二歳の子供を預かって世話をしておられるときに、不治の黒疱瘡《くろぼうそう》となり、その平癒《へいゆ》を祈願された内容です。

教祖は幼少のころ、浄土に憧《あこが》れて尼になりたいと思われ、十九歳のときに勾田《まがた》村の善《ぜん》福寺《ぷくじ》で、浄土宗の秘伝である五重相伝を受けておられます。しかし、このときの祈願は阿弥陀仏《あみだぶつ》ではなく、氏神や八百万《やおよろず》の神々に向けられたものでした。「奈良の二月堂、三月堂の観世音《かんぜおん》、また不動さま、薬師さまや、春日《かすが》さまや」（『正文遺韻抄』32ページ）と、毎日はだし参りをされたと伝えられています。

この点について、中山慶一《なかやまよしかず》氏は次のように説明されています。

「浄土宗の信仰も、五重の秘儀も、教祖の幼少時代から、解決を求めて止《や》まれなかった課題に対して何等《なんら》の解決も与えては呉《く》れなかったという事である。教祖が幼少時代から解決を求めて止まれなかった課題とは、此《こ》の世に住むあらゆる人間が共に睦《むつ》び、共に楽しく生活する明るい世の中の現成である」（『私の教祖』139ページ）

祈願の内容は、『正文遺韻抄』では「己《おの》が子三人ありますゆゑ、世取り子ひとり、誰《だれ》なりともお残し置き下され、あと二人の寿命をもつて、この預り子のない寿命と切り代《か》へ下さるやう」「八十迄《まで》の寿命をお授けなされて下さるやう」「この願《ねが》いをかなへくだされて、子供をすみやかに、さきさまへかへしとゞけたそのうへにて、私の命をもさし上げます」（33ページ）となっていますが、いずれにしましても、瀕死《ひんし》の子一人をたすけるために、わが子二人とご自身の命を身代わりにされているわけです。

このようなおたすけは、私たちのおたすけのひながたになるのでしょうか。教祖はまだ「月日のやしろ」となられていませんので、ひながたにはならないのでしょうか。


このおたすけについては後年、おさしづで次のように教示されています。

人間我が子までも寿命差し上げ、人を救《たす》けたは第一深きの理、……我が子いとい無くして救けて貰《もら》いたい、救けにゃならん。これは世界にもう一人もあるか。これは話さにゃならん。（明治32・2・2）

これは、私たちにとってのひながたであるという意味でしょうか。

たすけられた子供は七十二歳まで長生きしたといわれています。ということは、七十年の寿命を授けられたということになりますが、これは三人分の寿命を七十年縮めることによってでしょうか。

『稿本天理教教祖伝』に、「後日のお話によると、願《ねが》い通り二人の生命《いのち》を同時に受け取っては気の毒ゆえ、一人迎い取って、更《さら》にその魂を生《う》まれ出させ、又《また》迎い取って二人分に受け取った」（22ページ）とあります。

これは、具体的には「天保元年、次女おやすは四歳で迎取《むかいと》りとなり、翌二年九月二十一日夜、三女おはる、同四年十一月七日、四女おつねと相次いで生れたが、同六年おつねは三歳で迎取りとなった。同八年十二月十五日には、五女こかんが生れた」（21～22ページ）ことですが、山本利《やまもととし》雄《お》氏は、「やすとつねのお二人は同一の魂で、後年、こかん（小寒）として生まれられた」（『続人間創造』207ページ）と述べられています。

ということは、私たちのおたすけにおいて、たとえば自分の寿命を十年縮めて相手の人の寿命を十年延ばしていただくというような願い、相手の身代わりになるような願いはする必要はなく、たとえしたとしても、その真実のたすけ一条の心だけを受け取っていただくということではないでしょうか。

おさしづに、次のようにも明示されています。

我が子までの寿命まで差し上げて救けて貰《もろ》た理は、すっきり知らん。何ぞ道のため尽《つ》した事があるか。……ほんの救け損のようなもの。（明治32・2・2）

これは、教祖のおたすけは「救け損」であったことを意味しているのでしょうか。

たすけ一条の台という、こら諭さにゃならん。……救けて貰た恩を知らんような者を、話の台にしてはならん。（同）

これは、人だすけのために自分を忘れ、わが身どうなってもという真実の心になって苦労させていただくことが第一義であって、それがたすけ一条の台となり、相手がたすかるか否か、たすけられてから道のために尽くすか否かは第二義的なことであり、そのことに執着してはいけないということを教えられているのではないでしょうか。

我が身捨てゝも構わん。身を捨てゝもという精神持って働くなら、神が働く、という理を、精神一つの理に授けよう。（明治32・11・3）

おたすけにおいて、「我が身捨てゝも構わん」という命がけの精神に「神が働く」と教示されています。このような精神は、もはや人間の道徳や倫理の世界を超えた宗教的な境地であり、このことを、「月日のやしろ」となられる前の教祖の道すがらに学ばせていただくことができます。

中山慶一氏は、「当時の教祖の心境は、人間の修行において至り得る最高の境地であったと申し上げても、決して過言ではないと思う」（前掲書186ページ）と述べられています。

また、諸井慶一郎《もろいけいいちろう》氏は次のように述べられています。

「神一条・たすけ一条の道は、立教以来の道すがらであるから、ひながたと仰せの時は、五十年の間の道を仰せられるのであります。では、それ以前の教祖はひながたではないのかといえば、その御行動や、道中はひながたとは申されぬが、その御心は、天理に叶《かな》う真心であり、人の真心の雛型《ひながた》である、との仰せであります。

この事は特に、立教の十年前の話としての、預り子の命乞《ご》いのお話に、お伝え頂いているのであり、しかもこれは、刻限のお話を以《もっ》て、教祖からお聞かせくだされたものであります。ということは、それをお話《はなし》くだされる神意があるのであって、それは、私共にひながたとせよとの思召《おぼしめし》以外の何ものでもないのであります。

御在世当時の取次《とりつぎ》の話の台であったこふき本には、『神の降りし由来』、乃至《ないし》『神の最初の由来』が付けられており、それは、この預り子の命乞いのお話から、書き出されているのでありまして、道の信仰にとって、まことに大事なものとされていたのでありま
す」

（『天理教教理大要』213～214ページ）

「教祖の道すがらを、百十五才定命《じょうみょう》の上から区切ると、お縮めくだされた二十五年の先の寿命と、中山家の人となられてから立教迄《まで》の約二十五年と、対称するのでありまして、それだけ深い意味を思案せずにはおれぬのであります」（同214ページ）

命がけの真剣なおたすけによって、不思議なたすけに浴せますのも、親神様のお働きと、「たすけ一条の台」としてのひながた五十年のご道中、そしてお縮めになられた二十五年の寿命とともに、身代わりになられたご真実が根拠となり、それに私たちのささやかな真実が加えられて、初めて可能になるのではないでしょうか。

宮池の問題

或《あ》る時は宮池に、或る時は井戸に、身を投げようとされた事も幾度《いくたび》か。しかし、いよ〳〵となると、足はしゃくばって、一歩も前に進まず、「短気を出すやないい〳〵」と、親神の御声《みこえ》、内に聞《きこ》えて、どうしても果《はた》せなかった。

（『稿本天理教教祖伝』31ページ）

これは、教祖が「月日のやしろ」となられてからごく最初のころの出来事で、晩年の御苦労とともに教話などに多く引用され、聞く者の共感と涙を誘いますが、この解釈については、大別して次の二つが考えられます。

第一は〝教祖成人論〟、つまり教祖は、「月日のやしろ」となられたときはまだ人間としての心を残しておられて、明治七年に赤衣《あかき》を召されるようになって初めて親神様のお心と一つになられたという見方に立つものです。現在の『天理教教典』が公刊される以前においてよく見られたもので、『正文遺韻抄』に次のように記されています。
「実に恐れ多い事ながら、御教祖様のけなげなる丈夫の御心でありてすら、遂に三度までも、井戸ばたへ御たちなされたのであります。三度溜池《ためいけ》へはまらうとなされたのでありますこゝまで御決心を被遊《あそばされ》、六度までも身を殺してと思召《おぼしめ》し立ちたまふその御心中の御せつなさ、いかがでござりませう」（38ページ）
親神様の思召《おぼしめし》と、周囲の者、とりわけ夫・善兵衛《ぜんべえ》様の思いとの間に立って苦悩される教祖のお姿に限りない共感を寄せ、多くの人は涙するとともに、神の道を求める厳しさに心を引き締めたわけですが、この解釈は二代真柱様の教祖論からは成立しないものであり、人間としての教祖の側面が強調され、本来の「月日のやしろ」としてのお姿が歪《ゆが》められることになります。

これに対して第二の解釈は、教祖は立教以来一貫して神性をもたれ、人間心は一切ないという見方に基づくものです。しかし、それでは常に親神様のお心で判断され、行動されたと考えられますので、私たちにとっての、ひながたとしての身投げの意味が分からなくなります。

教祖は「月日のやしろ」として、親神様の思召を啓示された教えの親であられるとともに、人間救済の先頭にお立ちくださされ、私たちを導かれるひながたの親でもあらせられます。「人間の姿を具《そな》え給《たも》うひながたの親として、自ら歩んで人生行路の苦難に処する道を示された」（『稿本天理教教祖伝』30ページ）と教えられますが、身投げはどのように考えても「苦難に処する道」の一つとして、忠ならんと欲すれば孝ならず、孝ならんと欲すれば忠ならずというジレンマに立たされたときに取るべき行動とは思われません。苦難からの単なる逃避になってしまいます。また、教祖が私たちのために演技、芝居をされたとはとても思えません。

宮池の問題は、私たちにとってのひながたにならないのであれば、それをどのように考えればいいのでしょうか。

『稿本天理教教祖伝逸話篇』一八五「どこい働きに」に、次のように記されています。

「どこい働きに行くやら知れん。それに、起きてるというと、その働きの邪魔になる。ひとり目開《あ》くまで寝ていよう。何も、弱りたかとも、力落ちたかとも、必ず思うな」

これは明治十九年三月、教祖が櫟本《いちのもと》警察分署からお帰りになられて、しばらくしてから仰せられたお言葉ですが、ここにヒントがあるように思います。

「起きてるというと、その働きの邪魔になる」とは、教祖は現身《うつしみ》のままで「存命の理」としてのお働き（御魂だけのお働き）があられ、現身はそのお働きの妨げとなるものであり、教祖はお寝《やす》みになられているときも「存命の理」としてのお働きをされていた、と考えられないでしょうか。

荒川善廣氏の「月日のやしろ」の解釈を見てみましょう。

氏は、魂を身心現象の生起する場所、容器と考え、「やしろ」とは教祖の身体《からだ》ではなく魂であり、身体は「やしろの扉」に相当すると解釈されています。したがって、教祖は「やしろの扉」を開かれる（現身をかくされる）ことによって、「月日のやしろ」としてのお働きは身体的制約を脱して、完全な生動性を全宇宙的な広がりにおいて発揮されると見なされます（『「元の理」の探究』22〜28ページ参照）。

このように考えますと、宮池の問題は、教祖は「月日のやしろ」となられてすぐに「存命の理」としてのお働きをもたれており、身投げによって身体的制約を脱せられ、「月日のやしろ」からいきなり「存命の理」としての教祖におなりになろうとされ、それを親神様が「短気を出すやない」と引き止められたのではないでしょうか。

もし、そのとき現身をかくされますと、「ひながたの親」としての五十年の道中とともに、「存命の理」としての教祖のお働きも、私たち人間に教えられなくなってしまいます。

荒川氏は、ひながたの五十年について次のような見解を示されています。

「教祖が『ひながたの親』として通られた五十年間は、単に言葉を介して人々の記憶にとどめられているだけでなく、たとえ意識されずとも、客体的不滅性として、後続の人々がそこから新たな経験を生み出すための実在的基盤を成している」（前掲書111ページ）

つまり、教祖の五十年のひながたは「たすけ一条の台」と悟れますが、これも結局は、宮池の問題を前提にして、初めて成立してくるのではないかと悟れます。

をびや許し

嘉永《かえい》七年、教祖五十七歳の時、おはるが、初産《ういざん》のためお屋敷へ帰って居た。

その時、教祖は、

「何でも彼《か》でも、内からためしして見せるで」

と、仰せられて、腹《おなか》に息を三度かけ、同じく三度撫《な》でて置かれた。これがをびや許しの始まりである。


（『稿本天理教教祖伝』36ページ）

をびや許しは「よろづたすけの道あけ」（『稿本天理教教祖伝』44ページ）ともいわれる大切なものですが、この不思議なたすけを通して、いろいろなことを学ばせていただくことができます。

まず、たすけの順序については、教祖のわが身、身内、一般の人という順序を示されています。

教祖は天保十二年（一八四一年）、四十四歳のとき、妊娠七カ月日に、親神様から「今日は、何処《どこ》へも行く事ならぬ」と指示されます。そこで、その日は一日外出されずにいました。すると、夜になって「眠る間に出る〳〵」と親神様のお話があり、その用意をしておりますと、流産なさります。

「夜が明けてから、汚れた布類を自ら水で三度洗い、湯で一度洗《あろ》うて、物干竿《ものほしざお》に三、四本も干されると、頭痛は拭《ぬぐ》うがように治まった。一つ間違えば命も危《あぶな》いという流産の場合でさえ、一心に親神に凭《もた》れて居《お》れば、少しも心配なく、産後にも何の懸念もないという事を、先《ま》ず自らの身に試して、親神の自由自在《じゆうようじざい》を証された」

（『稿本天理教教祖伝』35ページ）

続いて嘉永七年（一八五四年）、教祖五十七歳のときには、冒頭に引用しましたように、「何でも彼でも、内からためしして見せるで」と仰せられて、三女・おはる様に、をびや許しを授けられます。嘉永七年の十一月五日（同年十一月二十七日に安政と改元）に大地震がありましたが、おはる様はいとも楽々と男の子（長男・亀蔵《かめぞう》で、七歳でいったん出直し、三男として生まれかわり、のちに初代真柱様となられます）をお産みになります。

このときはお腹《なか》に息を三度かけ、三度撫でるという方法での、をびや許しです。

その後、をびや許しは、ハッタイ粉、金米糖《こんぺいとう》、そして現在の洗米の御供《ごく》によるものへと変わっています。

金米糖については、『稿本天理教教祖伝逸話篇』一五一「をびや許し」のなかで、教祖は四半斤《はんぎん》ばかりの金米糖を出して、三粒ずつ三包み包んで、「これが、をびや許しやで。これで、高枕《たかまくら》もせず、腹帯もせんでよいで。それから、今は柿の時やでな、柿を食べてもだんないで」と仰せになり、残った袋の金米糖を、「これは、常の御供やで。三つずつ包み、誰《だれ》にやってもよいで」と仰せられてお下げになっています。

また、洗米については、同じく三四「月日許した」のなかで、教祖は明治六年（一八七三年）春、をびや許しを頂きに帰って来られた加見兵四郎《かみひょうしろう》さんに、「このお洗米を、自分の思う程持っておかえり」と仰せになり、続いて「そのお洗米を三つに分けて、うちへかえりたら、その一つ分を家内に頂かし、産気ついたら、又《また》その一つ分を頂かし、産み下ろしたら、残りの一つ分を頂かすのやで」とお諭しになっています。

一般の人へのをびや許しは、村人の清水惣助《しみずそうすけ》さんの妻・ゆきさんに初めて授けておられます。ところがゆきさんは、産後の熱で一カ月ほど臥《ふ》せってしまいます。そのとき教祖は「疑いの心があったからや」と仰せになっていますが、これは何を意味するのでしょうか。

ゆきさんは、おはる様の安産の姿を見ていますので、信じていたとは思われますが、案じ心があり、毒忌《い》み、凭《もた》れ物など昔からの習慣にも従い、親神様にもたれきれなかったことを「疑った」と仰せられていると思われます。をやの声を絶対的に、「せんに一つもちがう事なし」（一号43、十号24）と信じきることの大切さを教えられています。

ゆきさんは「疑いの心があったからや」との教祖のお言葉を聞いた途端、なるほどと深く感銘して、心の底からさんげしています。そして翌年には、鮮やかなご守護を頂いています。

教祖は、仰せ通りにせずに産後患ったゆきさんを責めることなく、温かく抱きかかえられ、さらには生まれ児《ご》を引き取ってお世話をされています。人だすけのひながたをお示しいただいていると思います。教祖にとっては可愛《かわい》い子供である人間が病むとき、常にその者の身になって、何とかしてたすけ上げずにおれない、じっとしておれないという親心を、ここに拝察することができます。

をびや許しについて、『正文遺韻抄』には次のように教示されています。

「神のいふ事うたがふて、うそと思へばうそになる。真実に、親に許して貰《もろ》ふたと思ふて、神のいふ通りにする事なら、常の心のよし、あしをいふやない、常の悪《あ》しきは別にあらはれる。産に付《つい》ては疑《うたぐ》りの心さへなくして、神の教へ通りにすれば、速《すみや》かに安産さす。常の心に違ひなくとも、疑つてあんじた事なら、あんじの理がまはるで」(48ページ)

「常の心のよし、あしをいふやない、常の悪しきは別にあらはれる」とは、たとえ普段の心づかいの悪い人であっても、親神様・教祖を信じるならお産に関しては特別で、「存命の理」つまり教祖によって、安産のご守護を見せてくださるということです。こここにも、ありがたい親心を感じさせていただくことができます。

また、おさしづには次のように教えられています。

第一をびやたすけ、さあ三日目三粒《つぼ》を三つ、三三九《ここの》つを百層倍《そ》。これをかんろうだいへ供え、本づとめをして、元のぢばなる事を伝え、をびや許しを出す。

（明治20・2・25）

さらに、次のような記述もあります。

「教祖五十年祭、立教百年祭を期して完成された雛型《ひながた》かんろだいを元のぢばに据え、かぐらづとめを復元された時以来、をびやづとめに一座千人分をお供えして勤めて居る。

又、昭和四十七年六月のをびやづとめの時以来、一座に三千人分をお供えして勤めて居る」

（平野《ひらの》知一《ともかず》著『天理教教典研究』103ページ）

次に、教祖は、をびや許しを通して、男尊女卑の風潮が強く女性への偏見が根強く残っていた時代に、女性解放の画期的な糸口、先鞭《せんべん》をつけられたと悟れます。

一般に、お産は〝けがれ〟と信じられ、産後七十五日間は忌みに服さなければならないと、当時は考えられていました。

「（穢《けがれ》とは）神道では、古来、赤不浄・黒不浄をいいます。赤不浄は血の忌みです。出産や月事（月経）を穢として、これを避けるのです。出産の忌みは当事者だけではなく、家族にも及びます。とくに漁業、狩猟に従事する者や、大工、鍛冶《かじ》職などは出産の忌みを恐れて、別居したりします。月事の忌みも、その期間家族と別居する地方もあったほどです。もちろん、生理中の女性は神社への参詣も許されません。黒不浄は死の忌みです」

（ひろさちや著『仏教と神道』新潮選書、76～77ページ）

お産にまつわる種々の忌みごとを全く無用とされ、母子の生死をかけた大役、大厄への不安を取り除かれることによって、教祖は、男女は本質的に価値の差のない、平等で対等な存在（両者間に秩序がないということではありません）であることを教えられたと悟らせていただきます。

この木いもめまつをまつわゆハんでな
いかなる木いも月日をもわく
七 21

「女は不浄やと、世上で言うけれども、何も、不浄なことありゃせんで。男も女も、寸分違わぬ神の子や。女というものは、子を宿さにゃならん、一つの骨折りがあるで。女の月のものはな、花やで。花がのうて実がのろうか。よう、悟ってみいや。南瓜《かぼちゃ》でも、大きな花が散れば、それぎりのものやで。むだ花というものは、何《な》んにでもあるけれどな、花なしに実《み》のるという事はないで。よう思案してみいや。何も不浄やないで」

（『稿本天理教教祖伝逸話篇』一五八「月のものはな、花やで」）

最後に、をびや許しが「よろづたすけの道あけ」であるという意味を考えてみたいと思います。

をびや許しとは、「人間宿し込みの親里である元のやしきから出す安産の許し」（『稿本天理教教祖伝』43ページ）であり、教祖の「存命の理」のお働きによって、その珍しいご守護を見せていただけるわけですが、そのご守護とは、不思議なたすけのなかの一つであるというだけではありません。元の屋敷、ぢばに直結するたすけであって、偶然によろづたすけの道あけとなったのではありません。「本づとめをして、元のぢばなる事を伝え、をびや許しを出す」と教えられますように、新しい生命の安産を通して、永遠に現在的な生命の根源である「ぢば」を教えようとされているわけであります。

ということは、をびや許しは必然的なよろづたすけの道あけといえるもので、元なるぢば、親神天理王命、存命の教祖に立脚して、初めてよろづのたすけが開始され、展開されていくことを教えられていると悟ることができます。

たいないゑやどしこむのも月日なり
むまれだすのも月日せわどり　六　131

妊娠・出産は言うまでもなく、人間の生命そのものが「親神の妙《たえ》なる思わくにより、又、その守護による」（『天理教教典』64ページ）のであり、その奇跡ともいえる厳粛な事実を軽視したり無視したりして、自分中心の欲・高慢のほこりの心を使うところに、親神様からの手入れ（ほこりの掃除）として身上・事情を見せられ、そのたすけが求められるようになってくるわけであります。

このもとをくハしくしりた事ならバ
やまいのをこる事わないのに　三　93
にんけんにやまいとゆうてないけれど

このよはじまりしりたものなし　九 10

「よろづたすけの道あけ」とは、それによって元のぢば、「このもと」「このよはじまり」を開示し、それに基づいて初めて真のたすけ、よろづたすけが開始され、進展していくということであります。「よろづたすけの道あけ」は、をびや許し以外のたすけでは考えられないと悟れます。

『稿本天理教教祖伝』に、次のように記されています。

「前からの成行《なりゆ》きを知って居《い》た村人達の間にこの話（ゆきさんのお産の不思議なご守護話）が伝わり、噂《うわさ》は近在へと弘《ひろ》まって、人々は、まだ親神のやしろとは知らないながらも、教祖は常人《ただびと》ではないと、漸《ようや》く気付き始めた」（38ページ）

水を飲めば水の味

「世界には、枕もとに食物《たべもの》を山ほど積んでも、食べるに食べられず、水も喉《のど》を越さんと言うて苦しんでいる人もある。そのことを思えば、わしらは結構や、水を飲めば水の味がする。親神様が結構にお与え下されてある」

（『稿本天理教教祖伝』40～41ページ）

教祖は天保九年（一八三八年）十月二十六日に「月日のやしろ」となられてから、親神様の「貧に落ち切れ」との思召《おぼしめし》のままに、嫁入りのときの荷物をはじめ、食物、着物、金銭や、はては中山家の母屋《おもや》、田畑に至るまで次々に施しを続けられます。

夫・善兵衛様の出直された嘉永六年（一八五三年）から、つとめ場所の普請の元治元年（一八六四年）までの十二年間は、「三十年来寒《さ》ぶい晩にあたるものも無かった」（明治

29・3・31）というような、どん底の生活をされますが、こかん様が「お母さん、もう、お米はありません」と言われ、それに答えられたのが、このお言葉であったのです。

　このお言葉の意味を考える前に、五十年のひながたの約半分の間続けられます、貧に落ち切ることの意味を考えてみましょう。

　この貧に落ち切るひながたは、常軌を逸しているので、当時の人の無理解、嘲笑《ちょうしょう》、非難を招きました。現在においても「教祖だから、あのようなこともなされた」「昔だから通れた」というように、単独布教をするような一部の人を除いては、あまり縁のないひながたと受け取られるかもしれません。しかし「ひながたの道を通らねばひながた要《い》らん」（明治22・11・7）とまで仰せられますので、そこには信仰の有無、信仰年限の長短、立場の上下、民族の相違にかかわらず、陽気ぐらしを求める者が等しく味わわせてもらわなければならない深い意味があると思われます。

　まず、貧に落ち切る道中は、万人たすけの道場を建設する前段階として必要なものであった、という解釈があります。この解釈の成立する根拠は、立教のときの「この屋敷にいんねんあり」という言葉です。中山家の私有財産である家屋敷は、「やしきのいんねん」によって〝神のやしき〟となる必然性があり、そのために教祖は、邪魔になる一切のものを施しされたと見なすことができます。したがって、嘉永六年の母屋取り毀《こぼ》ちのときに言われた「これから、世界のふしんに掛《かか》る。祝《いお》うて下され」とのお言葉も、「世界のふしん」は十一年後のつとめ場所の普請となって具体的に、その意味が分かるようになります。

しかし、この解釈は、史実に基づき、形あるものによって根拠づけられてはいますが、貧に落ち切ることが積極的な意義をもたないことになります。つとめ場所の普請、「世界のふしん」（目に見える形での）が主であって、貧に落ち切ることには、従の、消極的な意義しかありません。また、貧に落ち切ることは単に教祖にとってのひながたで、「万人のひながた」にはならないのではないかと悟れます。

次に、主観的解釈を見てみましょう。この解釈は、「物を施して執着を去れば、心に明るさが生《うま》れ、心に明るさが生れると、自《おのずか》ら陽気ぐらしへの道が開ける」（『稿本天理教教祖伝』23ページ）との見方に基づくもので、貧に落ち切ることによって、世界の対立抗争の原因となり、陽気ぐらし実現の妨げとなっている物への執着、欲・高慢の心を取ることを、教祖は、私たちに教えられたと見なすことができます。

この解釈は、現代においても通用するもので、「貧に落ち切らねば、難儀なる者の味が分からん」（『稿本天理教教祖伝逸話篇』四「一粒万倍にして返す」）、「難儀不自由からやなけにゃ人の難儀不自由は分からん」（明治23・6・12）等の見方や、また、貧に落ち切ることを、一切の人間思案を捨て心を裸にして親神様の思召通りにすること、つまり神一条になることとする見方もあります。しかし、単に物への執着を取り、神一条で通ることを教え、物や形のうえで不自由するなかに、人の苦しみや悩みが分かる人間になることを教えるためにのみ、貧に落ち切られたのでしょうか。

なるほど、神一条で通ることが大切であることは言うまでもありませんが、単に神一条を言うだけなら、およそ宗教において神一条を強調しない宗教はありませんから、特に本教独自のものとはいえません。また、形のうえで自ら進んで不自由し、清貧の生活をすることによって悩める人と共感すると解しても、本教独自のこととはいえません。

とするならば、貧に落ち切ることは、他宗においても見られることと表現が少し異なるだけのものなのでしょうか。もし他宗と異なる本教独自の点があるとすれば、それは何なのでしょうか。

『天理教教典』に、「教祖は、世界の子供をたすけたい一心から、貧のどん底に落ち切り、しかも勇んで通り、身を以《もっ》て陽気ぐらしのひながたを示された」（6ページ）と記されています。貧に落ち切ることが人間をたすけたい一心から通られた道中であることは、立教のときの「世界一れつをたすけるために天降《あまくだ》つた」とのご宣言を引用するまでもなく明白で、このたすけ一条を除外して貧に落ち切ることの意義は考えられません。しかし、貧に落ち切ることと、たすけ一条がどのようにつながるのかを考えますと、決して明らかではありません。〝程を越した〟施しによって貧しい人をたすけられた、と一見思われますが、実際に施しを受けた人がほとんど道につながっていない史実を見ますと、一時的な物質的困窮を救うために貧に落ち切られたとも思われません。

貧に落ち切ることは、大きなたすけ一条の道の確立に向かうという大前提の、最初の段階であるという解釈もあります。これによりますと、教祖は貧に落ち切ることによって、たすけ一条の道、つまり、おつとめとおさづけの確立を目指されたということになりますが、「つとめとさづけ」と貧に落ち切ることが、どのようにつながるのかは明白でなく、「つとめとさづけ」の前段階として貧に落ち切る道中があるにすぎないように思われます。

たすけ一条と貧に落ち切ることは、どのようにつながるのでしょうか。私見の悟りでは、貧に落ち切ることは、たすけ一条の道中ではありますが、貧しい人をたすけることが直接の目的ではなく、人間をたすけるに当たって、従来自明のように思われてきた、人間とは、生命とは、神とは何か、神と人間との関係は、たすかるとはどのようなことかなど、これらのことを、貧に落ち切るという常軌を逸すると受け取られがちなご行為によって示されたように思われます。

したがって、本格的なたすけ一条は、「よう〳〵こゝまでついてきた　じつのたすけハこれからや」（三下り目4）と示されますように、ひながたの後半二十五年間において展開されることになります〈深谷忠政著『みかぐらうた講義』〈91ページ〉によると、「これから」

の「これ」とは元治元年のつとめ場所の普請のこと)。つまり、教祖は貧に落ち切ることによって、おつとめとおさづけを教えるに先立ち、人間にとって救済の完成・成就《じょうじゅ》とは何かを理屈抜きに、まさにお身体《からだ》を張って、お命をかけて教えられたのですが、それが従来のものと根本的に異なるものでありましたので、常識はずれと受け取られるようなご行為になったと悟れます。

たすけ一条と貧に落ち切ることのつながりについては、貧に落ち切ることが「伏せ込み」、たすけの台となっているという解釈があることを忘れてはならないと思います。

三代真柱様は、次のように分かりやすく説明されています。

「この二十年の間、コツコツ、コツコツと、笑われ謗《そし》られる中をお通りくだされた教祖のひながたを、どういうふうに悟らしてもらうかと申せば、これこそ御守護を頂く伏せ込みであると悟りたい。御守護を頂くためには、伏せ込みがなけりゃいかん。花が咲き実《み》が実《みの》るためには、やっぱり種を蒔《ま》かなけりゃいかん。しかもその種も、真実の種でなけりゃいかん、真実の種。しかも、旬を見て蒔かなけりゃいかん。旬に真実の種を蒔くから、旬が来たならば芽が生える。それを育てれば花が咲き実が実るのであります。私はこれを、教祖のひながたに教えていただくように思うんです」

（『万人のひながた』103ページ）

教祖は私たちに、貧に落ち切ること、人へのつくしが、「人の事してやるというはこれが台」（明治31・6・3）と教えられますように、たすけの台、たすかる台であることを教えられただけではありません。教祖が約二十五年にわたって貧に落ち切られた道中そのものが、私たちが現在においてもたすけていただくための台となっていると悟れます。

道の上の土台据えたる事分からんか。長い間の艱難《かんなん》の道を忘れて了《しま》うようではならん。

（明治34・2・4）

この「長い間の艱難の道」とは、ひながた五十年の道ですが、教祖の貧に落ち切られた道中を含むさまざまな御苦労が「道の上の土台」、つまりたすけ一条の台となって、おつとめとおさづけによってたすけていただけるのではないでしょうか。

このように悟ることができますと、教祖が貧に落ち切られた道中を、現代においても軽視することのできない、たすけに直結する極めて重い意義をもつものとして受け取ることができるでしょう。

それでは次に、貧に落ち切る道中によって教えられた、たすかることとは何であるかという、救済観について考えてみましょう。

貧に落ち切る道中について、さまざまな解釈を紹介してきましたが、哲学者ヘーゲルの言葉をヒントにして、もう一つの見方を考えてみたいと思います。ヘーゲルは「滅ぶ、没落する」を意味するドイツ語 zugrundegehenを、Zu - Grunde - gehen（英語の to - ground - go）と分解し、Grunde（根拠、根源）に行く、帰ることと理解しています。つまり没落とは、解体や消滅ではなく、根源への立ち返り、回帰であると見なしているわけです。

これをヒントにしますと、嘉永六年の母屋取り毀ちは、中山家の表面上の没落を意味しますが、それは何も無くなってしまうことではなく、この世の元、根源への立ち返りであり、すべての人間に無条件に与えられている生命の根源に戻ることを意味すると考えられます。

　このことは、よろづたすけの道あけである「をびや許し」が、母屋取り毀ちの翌年である嘉永七年に始められていることからも分かります。をびや許しは人間の生命誕生の許しであり、人間宿し込みの元のぢば、人類の故郷において頂くもので、それによって安産のご守護を頂くことは言うまでもありませんが、あらためて生命の根源に思いを致すことを教えられていると悟れます。

　教祖が母屋取り毀ちの後に通られた、赤貧のどん底の生活において語られた「水を飲めば水の味がする」とのお言葉の意味も、そのような観点から、さらに深く味わわせていただくことができます。

「水を飲めば水の味がする」とのお言葉は、普通は、「枕もとに食物を山ほど積んでも、食べるに食べられず、水も喉を越さんと言うて苦しんでいる人」と違って、私たちは健康に生かされている、だからありがたいと、「健康」にポイントが置かれて理解されています。しかし、このお言葉を生命の根源という観点から見直しますと、「生かされている」ことにポイントを置いて、生かされていること自体がありがたいという、第一義的なご守護であることが意味されているように悟れます。

なぜなら、「水を飲めば水の味」の境地は、貧に落ち切ることによって物や自己への執着、欲と高慢のほこりを取り、心澄みきった末に到達するもので、もはや健康や病気、苦や楽、貧富、身分や立場の上下にとらわれない、それらの対立を超えた境地だからです。

したがって「水を飲めば水の味」とは、単に生かされている喜びが分かるとか、物への執着を取った後の精神的な救い、魂の救い、清貧の心を示されたものではなく、まさに「こゝはこのよのごくらくや　わしもはや〳〵まゐりたい」（四下り目9）の境地であり、神人和楽の陽気ぐらしとは何かを、人間にとって救済の完成とは何かを、理屈抜きに端的に示されたお言葉であると思われます。

この境地では、生かされていることが第一義的なご守護と受け取られますので、病気がたすかる、事情が解決されるというご守護は、あくまでも第一義のご守護から派生する第二義的なご守護にすぎず、生かされている大恩に比べると相対的に小さなご守護ということになります（といいましても、このご守護を頂くことは難しく、そのご守護を頂けることは大きなご恩であって、生涯忘れてはならず、報恩を続けなければならないことは言うまでもありません。ただ、そのご恩だけにとらわれていてはいけないということです）。

江戸時代の国学者、本居宣長《もとおりのりなが》の「神のめぐみ」と題する一節を紹介します。

「たとへば百両の金ほしき時に、人の九十九両あたへて、一両たらざるが如《ごと》し、そのあたへたる人をば、悦《よろこ》ぶべきか、恨むべきか、祈ることかなはねばとて、神をえうなき（不要の）物にうらみ奉るは、九十九両あたへたらむ人を、えうなきものに思ひてうらむるがごとし、九十九両のめぐみを忘れて、今一両あたへざるを恨むるはいかに」

（『玉勝間《たまかつま》（下）』岩波文庫、226ページ）

つまり、生かされているということは、それだけで「九十九両のめぐみ」を与えられているということで、物や形の目に見える種々の、人が喉《のど》から手が出るほど欲するご守護は、たとえそれが巨億の富であっても、しょせん一両、一分《ぶ》、否、一朱《しゅ》にも満たないもの、針の先ほどのものにすぎず、その得失に一喜一憂する価値のない第二義的なもの（その人の徳に応じて自然と与えられるもの）にすぎないということになります。

「九十九両のめぐみ」を生かされている大恩と考えますと、病気や事情のご守護は、あくまでも小恩（といいましても大きなご恩です）にすぎず、この小恩への報恩にとどまらず、大恩への生涯末代の報恩を、教祖は、ひながた五十年の前半の、二十五年間の貧に落ち切る道中によって私たちに教えられたのではないでしょうか。

貧に落ち切ることは、老若男女、貧富、立場の上下、信仰年限の多少にかかわらず、陽気ぐらしを求める者にとって追求されなければならない永遠の課題であるとの認識が、いま必要とされていると思われます。

教祖のお住まい

既に母屋《おもや》は無く、古い粗末な八畳と六畳の二間が、教祖のお住居《すまい》であり、その八畳の間に、目標《めどう》として御幣《ごへい》を祀《まつ》って、人々の寄り集まる部屋ともなって居た。毎月の二十六日には、室内に入り切れず、庭まで溢《あふ》れる景況《ありさま》であったので、早く詣《まい》り所《しょ》を普請さして頂かねば、という声が、人々の間に、漸《ようや》く起《おこ》り始めた。

（『稿本天理教教祖伝』48～49ページ）

教祖は「月日のやしろ」となられてから、「貧に落ち切れ」との親神様の思召《おぼしめし》に従い、人々に施しを続けられます。そして、立教から十六年目の嘉永六年（一八五三年）には母屋まで解体され売られてしまいます。

これによって中山家の没落が決定的となりますが、この解体は、部分的には立教の数年後から始まります。親神様からの刻限話で「この家形《やかた》取り払え」との指示があり、続いて「巽《たつみ》の角《すみ》の瓦下《かわら》ろしかけ」「艮《うしとら》の角より、瓦下ろせ」「家の高塀《たかべい》を取り払え」と仰せられ、教祖の身上を台にして、その実行を迫られます。

瓦下ろしは、「瓦三枚でもはづせば、こぼちぞめやで」（『正文遺韻抄』52ページ）と言われていますので、部分的に行われたと思われますが、巽（南東）には玄関、艮（北東）には炊事場があって、雨の日には雨もりが、また高塀（「大和棟《やまとむね》造り」とも呼ばれる屋根の形式で、切妻《きりづま》の端の大壁のこと。その家の格式を表す）を取り払うと、座敷内に雨風が入ってきて日常生活ができなくなります。したがって、嘉永六年より十年ほど前から、母屋としての機能を果たしていない場所に教祖はおられたわけです。

この母屋の取り毀《こぼ》ちのときに、教祖は「これから、世界のふしんに掛《かか》る。祝《いお》うて下され」と仰せられています。これは具体的には、母屋の座敷の北西の部屋に「ぢば」の地点があり、母屋がある限り、かんろだいを囲んでのかぐらづとめができないことを意味しますが、それが分かるようになるのは、それから二十二年後の明治八年（一八七五年）、「ぢば定め」以後のことです。

では、教祖は、母屋がなくなってから、どこにおられたのでしょう。

当時、お屋敷の北側の裏門を入った所に、隠居（ここに住まわれたという見方もある）と呼ばれる、八畳二間ぐらいの広さで、かまどとトイレ付きの建物が残っていましたが、ここにはお住まいにならず、約半年間は土蔵で生活され、それからお屋敷中央の東側にある納屋へ移られます。まことにみすぼらしい建物で、元治元年（一八六四年）に妻の身上をたすけられて入信した山中忠七《やまなかちゅうしち》さんは、初めてお屋敷に参詣し、教祖のお住まいを目にしたときの状況を次のように伝えられています。

「当時の教祖の御住居は、僅《わず》か六畳と八畳二間の家で、その屋根といえば藁葺《わらぶ》きのもう腐った屋根で、雨露は漏《も》ってくるというような有様《ありさま》でありました。また屋内も真黒にくすぼり、畳や障子も荒れ果てていて、実にお気の毒な有様であったということであります。神様も、ただ押入れのような床の間に八つ足を二つ並べて、その上にささやかな御幣が立てかけてあったのでありました。まことに教祖の御住居は、粗末と言うより、むしろ朽ち果てた所で、御一家はその中で日々の食物にも事欠いてお過《すご》しなされていたのであります」

（『山中忠七伝』22～23ページ）

教祖はここで約十二年間、「どん底のどん底」の生活をされます。「三十年来寒《さ》ぶい晩にあたるものも無かった。あちらの枝を折りくべ、こちらの葉を取り寄せ、通り越して来た」（明治29・3・31）道中ですが、そのなかを「水を飲めば水の味がする。親神様が結構にお与え下されてある」と言われ、陽気ぐらしのひながたをお示しくださっています。暖衣飽食に慣れきってしまった私たちにとって、絶対に忘れてはならないひながたであります。

次に教祖がお住まいになった「つとめ場所」は、元治元年から普請に掛かることになります。十月二十六日に上棟式が行われ、翌日の大和《おやまと》神社事件による中断がありましたが、翌年完成し、「木の香も新しい上段の間の神床《かんどこ》に親神を祀《まつ》り、教祖は、同じ間の西寄りに壇を置いて、終日、東向いて端坐《たんざ》なされ、寄り来る人々に、諄々《じゅんじゅん》と親心の程を伝えられた」（『稿本天理教教祖伝』62ページ）ということです。

夜もその場所でお休みになったようで、『正文遺韻抄』に次のように記されています。

「慶応元年に一間四方と仰せられたる御普請ができあがりまして、それから御教祖様は、六畳の上段の間のまんなかへ、二枚折をしきりにおいて、東三畳は神前でありますから、西三畳を御座所と定めて、きうくつな処《ところ》も窮屈と思召《おぼしめ》さず、わづか三畳敷に起臥《おきふし》して被下《くだされ》ました」（55ページ）

つとめ場所に約十年住まわれた後、明治八年夏、門屋の内造りとこかん様の身上障りが立て合い、教祖はその年の暮れから「中南の門屋」の西の十畳をお住まいとされ、日夜、寄り来る人々に親神様の思召を伝えられます。

『稿本天理教教祖伝逸話篇』一二三「人がめどか」には、明治十六年、梅谷四郎兵衛《うめたにしろべえ》さんが心ない人の陰口から深夜、大阪へ戻ろうとしたときに、この「中南の門屋」におられた教祖の咳払《せきばら》いを聞いて思いとどまり、信仰を続けられたことが記されています。

そのとき、四郎兵衛さんは「御休息所」の壁塗りひのきしんをされていました。この「御休息所」は明治十六年秋に完成。十一月二十五日の夜、教祖は中南の門屋から移られます。つとめ場所の北側に廊下でつながった四畳と八畳の二間で、教祖は一段高くなっている四畳の間でご起居なされ、ここで明治二十年陰暦正月二十六日に現身《うつしみ》をかくされました。

このように見てきますと、教祖が雨露をしのいでお通りになったのは立教から約三十年経《た》ってからであり、それまでは雨漏りや、すき間風の入ってくるお住まいでお過ごしなされたわけです。

古い粗末な八畳と六畳の二間でのご生活を、私たちは片時も忘れることなく、人だすけにいそしむことが焦眉《しょうび》の課題ではないでしょうか。

つとめ場所の普請

「社《やしろ》はいらぬ。小さいものでも建てかけ」
「一坪四方のもの建てるのやで、一坪四方のもの建家《たちや》ではない」
「つぎ足しは心次第」

（『稿本天理教教祖伝』53～54ページ）

これらのお言葉は、つとめ場所の普請に関して言われたものです。

つとめ場所の普請は、元治元年（一八六四年）五月に、のちの本席・飯降伊蔵先生が、妻の産後の患いをたすけられ、六月二十五日に夫婦そろってお礼詣《まい》りをしたときに、たすけられたお礼にお社の献納を申し出られたことから始まります。その申し出に対して、教祖は、自らは「月日のやしろ」であられますので断られ、代わりに「一坪四方のもの」

を建てるよう指示されます。

この件に関して、『ひとことはなし』には次のように説明されています。

「其時《その》分ニハ教祖様《おやさま》ト小寒様《こかんさま》トニ互ヒ違《ちが》ヒニ神カ、リアリテ御咄《おはな》シアリマシタ。小寒様ニ御咄シアリシニ、心配スルニ及バヌ、神ガサセテ見セルト仰セラル……」（43ページ）

「小寒様に伺はれたるは、教祖様の御咄《おはなし》に、『一坪四方云々《うんぬん》を小さい乍《なが》ら参拝所を建築させて頂く事に相談成りましたが、よろしう御座《ござ》いますか』とのお伺ひであり『心配スルニ及バヌ、神ガサセテミセル』とあざやかに御ゆるしあり、此処《ここ》に何等《なんら》の余裕もなしに、心一つで建築にかゝる事が決定されたのでありませう」（43～44ページ）

一坪四方とは一間四方、二畳のことと思われますが、これは参拝所という意味でしょうか。ほかの意味は考えられないのでしょうか。

「建家ではない」とは、人の住む場所ではないと考えますと、神の鎮まる場所、つまり、ぢば、かんろだいを意味しているのではないでしょうか（現在、かんろだいの周りは、一間四方を花崗岩《かこうがん》の延石《えんせき》により四角に区切り、なかに那智黒《なちぐろ》の石が敷きつめられ、天井は一間四方が天窓になっています）。

教祖は、米倉と綿倉を取りのけて、そこに建てるよう指示されますが、明治八年（一八七五年）に、その場所のすぐ南側に「ぢば」が定められることを考えますと、その時点で教祖は、かんろだいを囲んでのおつとめを予定されていたと悟れます。

しかし、伊蔵先生をはじめ他の人々には全く分かりません。「つぎ足しは心次第」とも言われましたので、「居合わせた人々」はお屋敷の建物、特に御幣《ごへい》をお祀《まつ》りしている教祖の八畳と六畳のお住まいの手狭さを考え、小さいながらもお参りの場所を建てよとの仰せと悟り、三間半に六間、二十一坪のものを建てる心定めをされます。

そしてさらに、伊蔵先生が手間、山中忠七さんが費用、辻忠作《つじちゅうさく》さんが瓦などと、それぞれ引き受ける話し合いがなされます。ここに本教の普請のあり方、ひのきしんの基本が示されているように思います。

さて、『広辞苑』によりますと、普請は元来仏教語で、「禅寺で、大衆《だいしゅ》を集めること。また、あまねく大衆に請うて堂塔の建築などの労役に従事してもらうこと」、また、寄進は「社寺などに金銭・物品を寄付すること」と記されています。

つまり、一般の普請は頼まれてするものであるのに対して、本教の普請は、「たれにたのみはかけねども」「みなせかいがよりあうて」と教えられますように、自発的な報恩の心でされるべきものであること。また、ひのきしんは一般の寄進と違い、金銭、物品の寄付ではないこと、そして日々されるべきものであること。これらのことを教えられたのが、つとめ場所の普請の一つの大切な点であり、教祖はそのことを飯降伊蔵先生のその後の通り方によって教示されていると思います。

十月二十七日、上棟式の翌日に大和神社の節が起こります。この節のきっかけとなったのは上棟式当日、めでたい祝い事であるのに、私の悟りでは、教祖は何もされず（嘉永六年の母屋《おもや》取り毀《こぼ》ちのときは、「これから、世界のふしんに掛《かか》る。祝《いお》うて下され」と仰せられ、人夫たちに酒肴《さけさかな》を出しておられます）、干物一尾ずつと一、二升の酒が飯降おさとさんによって出された（矢持辰三《やもちたつぞう》著『教祖伝入門十講』150ページ参照）のを見て、物足りなく思われた財産家の山中忠七さんが、自宅に招待して十分なもてなしをしようと考えられたことにあります。

一行十二名は全員、三日間食事も与えられず、神社の社務所に拘留されます。伊蔵先生、忠七さん以外の、普請に心を合わせた人々は信心をやめ、お屋敷に寄りつかなくなります。しかし、伊蔵先生は報恩の念変わることなく、ただ一人でもコツコツと毎日仕事を続け、秀司《しゅうじ》先生の普請の心配にも「何にも案じて下さるな。内造りは必ず致します」と答えられています。

中山慶一氏は、次のように記されています。

「この普請が始まると、その最初から、夫婦共々お屋敷に住み込んで、普請の上に精魂を傾け尽くして来た。そして大和神社の節の後も、人々の信仰にはそれぞれ動揺もあったが、伊蔵夫婦の信仰は微動だにもせず益々心の冴《さ》えを示した」（『私の教祖』321ページ）

同じく山中忠七さんについては、次のように記されています。

「当時、お屋敷では若い神様としてこかんが教祖の代わりとして神意の取り次ぎをしていた。又《また》山中忠七も常にお屋敷に詰めていて、先年頂いた扇の伺いによって、帰参の人々に神意の取り次ぎをしていた。山中忠七は大和神社の節にも狂わず信仰を続け、以来一段と心の成人を遂げていたものと思われる。こうしてたすけ一条のよふぼくとして勤める外、当時なお苦しかったお屋敷の経済面にも、種々心を配ったものの様《よう》で、この年に綿を売った売上金の中から、金五両を寄附されたという様な記録も残っている。昨年（元治元年）五両の金でつとめ場所の建築を始めている事等と思い合わせば、当時にあって五両の金は相当なものであった事が偲《しの》ばれる」（同325〜326ページ）

ところで、つとめ場所は翌年の慶応元年（一八六五年）に完成しますが、教祖は「この普請は、三十年の見込み」と仰せられています。一体どのような意味でしょうか。

「新築成った明るい綺麗《きれい》なつとめ場所こそ、正《まさ》しく成人の歩を進めた、心のふしんの姿であり、きりなしふしんへの門出であった」（『稿本天理教教祖伝』61〜62ページ）

ここから、つとめ場所という形の普請は出来ましたが、それにふさわしい心のふしんはまだまだで、あと三十年はかかる、きりなしであるということを教えられていると悟れます。

元治元年から三十年後は明治二十七年で、翌二十八年十一月十四日、「教祖の御普請御許し願」が出されますが、「成人半ばで思案という理出掛けたらどうもならん」と仰せられ、「仮屋」の許しだけで普請は差し止められます。

明治二十七、八年ごろは、お道は燎原《りょうげん》の火の勢いで伸び広がり、信者数三百万を超えたといわれていますが、心のふしんが進んでおらず、人間思案やご利益《りやく》信心の域を出ていない人が多かったと思われます。

翌二十九年には本教の撲滅を指示する内務省の秘密訓令が出され、大和神社の節をはるかに超える、親神様からのスケールの大きい、真実の心を見る「ためし」、教内の指導的立場にいる人の仕込みがなされることになります。

明治三十年六月三日、「安堵《あんど》村飯田岩治郎《いいだいわじろう》事情願」（安堵事件、水屋敷事件ともいわれる異端問題への伺い）がなされ、同年十一月十八日、飯田岩治郎免職、十二月四日、橋本《はしもと》清《きよし》辞職、翌三十一年二月二十七日、前川菊太郎《まえがわきくたろう》辞職等の節となって表れてきます。

たすけふしぎふしん、真実の心を受け取るためのふしぎふしん。（明治23・6・15）

このおさしづは、普請は「たすけぶしん」であるがゆえに、普請には予期しない節を伴いやすい、という意味も含んでいるとも受け取ることができます。

ようく〳〵こゝまでついてきた
じつのたすけハこれからや
三下り目　4

このお歌の意味について、二つの解釈を紹介させていただきます。
「このお歌は、元治元年のつとめ場所建築と切りはなして、理解させていただいてはならぬことは、断るまでもないことでありますが、今日我々の信仰生活においても、苦難の道をたどるうちに、ともすればくずれようとする我々の心に希望をあたえて、勇めはげまされる力づよい親神様の言葉として、如何《いか》に頼もしく我々の心の底にひびくお歌でありましょう」（深谷忠政著『みかぐらうた講義』91～92ページ）
「『こゝまでついてきた』とは、いままでは世界並みの信仰で、困ったときの神頼み式の信仰から、本教信者となり、身上・事情のお手入れを頂いて悟り諭され、だんだんこの信仰の本筋に入ってきたということである」（安藤正吉《あんどうまさよし》著『みかぐらうた講話』59～60ページ）
教祖は、つとめ場所の普請以降、いよいよ本格的に、たすけ一条の道の根本であるおつとめとおさづけを教えかけ、その勤修《ごんしゅう》と取り次ぎによって、心のきりなしふしん、世界たすけを進められますが、教祖の御苦労は、まさにこれから（つとめ場所の普請以降）始まることになるのです。

大和神社の節

「不足言うのではない。後々《のちのち》の話の台である程に」

（『稿本天理教教祖伝』59ページ）

「学問に無い、古い九億九万六千年間のこと、世界へ教えたい」

（同117ページ）

『稿本天理教教祖伝』には大和《おやまと》神社の節が二回出てきます。いずれの節も、本教教史においては極めて意義深いものです。

最初の節は元治元年（一八六四年）十月で、つとめ場所普請の棟上げの翌日（二十七日）、棟上げの祝いに山中忠七さん宅へ十一人が招待されて行く途中、教祖から言われた

「行く道すがら神前を通る時には、拝をするように」とのお言葉を思い出し、大和神社の前で拍子木、太鼓などを打ち鳴らしながら、「なむ天理王命、なむ天理王命」と声高らかに唱えます。そのために一行は、大和神社に三日間留置され、せっかく出来かかっていた講社はパッタリと止まり、信者のほとんどが離れてしまいます。

冒頭に挙げた最初のお言葉は、こかん様の「行かなんだら宜《よ》かったのに」との不足に対する教祖のお言葉で、そこには二つの意味があるように思います。

第一は、それまでについてきた信者を仕込み、神一条の精神を確立させる。拝み信心やご利益《りやく》信心と、本物の信仰を区別し、ふるいに掛けるということです。

元治元年までの信仰は、いわばまだ幼稚な段階で、人々は教祖にたすけていただきたいと願ってお屋敷に帰り、たすけてもらって感謝するだけで、さらに一歩進んで教祖のお心を求め、そのお心に近づくための努力は見られません。いわゆる「ためし」を経ない「手引き」だけによるおたすけであります。このような信仰から脱皮させるために、親神様によって与えられたのが、つとめ場所の普請であり、大和神社の節であると悟れます。

本席・飯降伊蔵先生は、妻・おさとさんの産後の患いをたすけていただいたご恩を生涯忘れることなく、元治元年の大和神社の節にもいささかも心倒すことなく、ただ一人になっても報恩の道を通られます。

『稿本天理教教祖伝』に記されていない伊蔵先生の真実の一端を紹介させていただきます。

「その年も迫った卅《三十》一日（大晦日《おおみそか》）の夜の十時頃《ごろ》、京都へ出職《でしょく》に行つてゐた弟の久米三《くめぞう》が帰つて来て、僅《わず》か乍《なが》らも残つた金子《きんす》五両を持《もち》かへりました。その中《うち》壹《一》両は久米三にわたしたのこり四両、これで翁《おう》（飯降伊蔵）夫婦の越年もすまされたと言ふもの。窮すれば通ずとは世俗のたとへ、神が見てゐるとのお言葉もあざやかに見せて頂かれたものと察せられます」

（『ひとことはなし』59ページ）

そして、次のおさしづを頂いて本席としての理を積まれます。

丸九年という〳〵。年々大晦日《おおつごもり》という。その日の心、一日の日誰《たれ》も出て来る者も無かった。頼りになる者無かった。九年の間というものは大工が出て、何も万事取り締まりて、よう〳〵随《つ》いて来てくれたと喜んだ日ある。これ放《ほ》って置かるか、放って置けるか。それより万事委《まか》せると言うたる。

（明治34・5・25）

第二の意味は、格式が高く由緒深い神社に対して、天理王命、天理教として公式に名のりをあげた。つまり、節という形ではありますが、教祖が間接的に、にをいがけ、高山への布教を始められたことと悟れます。

明治七年（一八七四年）、元治元年の節からちょうど十年後に、二回目の節があります。教祖は、仲田儀三郎《なかたぎさぶろう》さんと松尾市兵衛《まつおいちべえ》さんの二人に対して「大和神社へ行き、どういう神で御座《ござ》ると、尋ねておいで」と言われます。

二人の質問に神職は、祭神は記紀（古事記と日本書紀）に記された通りであると述べ立てます。しかし「どのようなご守護を下さる神様か」と問うと、守護の点については一言も答えることができません。そこで二人は、教祖に言われて持参してきた、おふでさき第三号と第四号（このなかに初めて「元の理」のお話が出てきます）を出して、「当方の神様は、かく〳〵の御守護を為《な》し下さる、元の神・実の神である」と説明をされます。

この祭神問答は、元治元年の節と比べると、節といえるような出来事ではないように見えますが、これをきっかけとして教祖に対する迫害、警察への留置・投獄が始まることを考えますと、極めて意義深い節ということができると思います。

二人が帰ると、折り返し大和神社の神職が、また翌日には石上《いそのかみ》神宮の神職たちが五人連れで、お屋敷へやって来ます。教祖は、衣服を改めたうえ直々お会いになり、親神様のご守護について詳しく説き諭されました。そして、神職たちの「それが真《まこと》なれば、学問は嘘《うそ》か」との問いに答えられたのが、二番目に引用した先のお言葉であったのです。

「九億九万六千年間のこと」とは、「元の理」によると「九億九万年は水中の住居《すまい》」「六千年は智慧《ちえ》の仕込み」「三千九百九十九年は文字の仕込み」と教えられますので、「文字の仕込み」つまり言葉、知性、理性、自我等を通しての学問成立以前のことです。人間創造、生命の根源ということで、それを世界へ教える、つまり外に向かっての直接的なにをいがけが、明治七年の大和神社の節の意味であり、その前段階や準備として、元治元年の大和神社の節があったと悟ることができます。

このことは、次のお歌からも分かります。

ことしにハめつらし事をはじめかけ

いまゝでしらぬ事をするぞや　三　42

『おふでさき註釈』によりますと、「明治七年陰暦五月には、三味田《さんまいでん》へかぐら面を迎えにお出《い》でになり、又《また》一般の人々ばかりでなく高山の人々にもこの教《おしえ》を知らしたいと十月にはにをいがけのために、仲田、松尾両名を大和神社に遣わされたその結果、神職とか官憲の注意をひく事になり陰暦十一月十五日に山村御殿へお出掛け下されたのを初めとして、その後しばしば圧迫をこうむったが、親神様は、これをお道の弘《ひろ》まる一つの道筋として、寧《むし》ろお望みになったのである。又、赤衣《あかき》をお召し下されたのも、この年からである」と説明されています。

　赤衣とは月日の理で、元の神・実の神の象徴であり、また「存命の理」の象徴でもありますから、教祖は目に見える形でも、親神天理王命を外に向かって示される、本格的なたすけ一条の道を開始されることになるわけです。

ひのきしん

ふうふそろうてひのきしん
これがだい〳〵ちものだねや　十一下り目　2
みれバせかいがだん〳〵と
もつこになうてひのきしん　十一下り目　3
よくをわすれてひのきしん
これがだい〳〵ちこえとなる　十一下り目　4

教祖は、慶応三年（一八六七年）正月から八月にかけて、十二下りのお歌を教えられます。そして、それから満三年かけて、その節付けと振り付けを教えられます。そのときに、「これは、理の歌や。理に合わせて踊るのやで。たゞ踊るのではない、理を振るのや」「つとめに、手がぐにや〳〵するのは、心がぐにや〳〵して居るからや。一つ手の振り方間違《まちご》ても、宜敷《よろしく》ない。このつとめで命の切換《きりかえ》するのや。大切なつとめやで」（『稿本天理教教祖伝』95ページ）と仰せられています。

この「命の切換」とは、単に短命を長寿に変えていただくというような意味ではなく、おつとめによって運命を切り換えていただく、つまり病の根を切っていただき、謀反《むほん》の根も切っていただけると悟ることができます。

ところで教祖は、かぐらづとめの地歌をすべて教えられるよりも先に、十二下りのみかぐらうたのなかで「ひのきしん」という語と、その精神を簡潔にお示しくださっています。

教祖の念頭には、つとめ場所の普請における、飯降伊蔵先生ご夫妻のつとめ方がおありになったと思われます。ご夫妻は、産後の患いをたすけられたことへの恩返しとして、つとめ場所の普請に、わが家のことは犠牲にして、大和神社の節にも動揺することなく身を捧《ささ》げられます。妻のおさとさんは約三カ月、伊蔵先生は普請完成後も三年間常詰で、明治十五年に一家で移り住むまで毎日お屋敷に通われ、御用をつとめられたと聞かせていただきます。

ひのきしんの雛形《ひながた》を残されたと思われますが、ひのきしんには大切なかどめがいくつかあります。

ひのきしんは、漢字表記では「日（霊）の寄進」になると思われます。寄進は金銭物品の寄付で、社寺造営などのときに一時的に行われるものであるのに対して、ひのきしんは、

なにかめづらしつちもちや
これがきしんとなるならバ　　十一下り目　7

と明示されますように、土持ちも寄進になること、また日々の行いであることが教えられています。物や金のない人でも、身分や立場の上下、老若男女を問わず実践できるものですが、問題は心（霊）であります。

教祖は、単に土持ちが寄進の一つであることを教えられたのではなく、寄進の本質は

欲を忘れた報恩であることを、ひのきしんという言葉で教えられたわけです。ここに、ひのきしんとボランティアの根本的な違いがあります。

両者は外形的には同じように見えるかもしれません。しかし、奉仕活動には惻隠《そくいん》の情のような同情、あわれみの動機もあるかもしれませんが、それだけではなく、自分を良く認めてもらいたいというような、欲の心が無意識に混じることがあると思われます。

また、ボランティアは一時的な行いで、それを生涯にわたって持続することは難しいものです。これに対して「ひのきしんは、一時の行為《おこない》ではなく、日常の絶えざる喜びの行為である。しかも、その喜びは、自分一人に止《とど》まるのではなく、他の人々をも感化し、心あるものは、次々と相携えて、その喜びを共にするようになる」（『天理教教典』78ページ）と教示されています。

ところで、ひのきしんにおいては、何をどれだけするかは問題とはなりません。「百万の物持って来るよりも、一厘《りん》の心受け取る」（明治35・7・20）と示されますように、「一厘の心」つまり報恩の心が肝心で、その心を寄進することが、ひのきしんの本質であります。

では、報恩とは何への報恩でしょうか。飯降伊蔵先生の場合、妻の産後の身上のご守護への報恩ですが、ただ身上・事情をたすけていただいたことへの報恩だけではなく、身上を日々お借りしていることへの報恩が根本にあると悟らせていただきます。

やむほどつらいことハない
わしもこれからひのきしん
三下り目　8

このお歌の「これから」とは、一体いつからでしょうか。『天理教教典』には「日々常々、何事につけ、親神の恵《めぐみ》を切に身に感じる時、感謝の喜びは、自《おのずか》らその態度や行為《おこない》にあらわれる。これを、ひのきしんと教えられる」（76ページ）と説明されています。この「親神の恵」を、単に身上壮健にお守りいただいていることと受け取りますと、「これから」とは身上のご守護を頂いて元気になってから、という意味になります。それでは、病むことは、ご守護のない姿ということになってしまいます。

このもとをくハしくしりた事ならバ
やまいのをこる事わないのに
三　93

このお歌を、病気は「このもと」、つまり生命の根源を知らないことから生じる、と解釈しますと、自分の力ではなく親神様によって生かされていることが「親神の恵」であることになり、「これから」とは、たとえ身上のご守護が頂けなくても、親神様によって生かされているという事実、それがお金には代えられない大きなご守護であるということに気づいてから、と悟れます。

つまり、ひのきしんとは身上・事情のご守護への報恩であるだけではなく、日々生かされているご守護、生かされている大恩（身上・事情のご守護は小恩で、このことを「大恩忘れて小恩送るような事ではならんで」〈明治34・2・4〉の一つの意味として教えられていると思われます）への報恩であり、それゆえに日々実践されなければならない、否、せずにいられないものであります。

上田嘉成氏は、次のように諭されています。

「真実の働きとは、神恩に報ずるために、感謝の心で、たすけ一条のために働かして頂くことです。傍《はた》の人に楽をして頂くように、よろづ互いに助け合いのために勤めさして頂くことです。即《すなわ》ち、ひのきしんこそ真の働きでありまして、この働きを決意し、この働きの実行に入った時、いかに病臥《びょうが》していた重病人も心は既に起き上がって、人本来の天地を一貫した真実の立姿に還《かえ》ったのですから、身上もまた心通り立ち上がり、健やかにして頂けるという鮮やかなご守護の頂けることは申すまでもありません。報恩の心、天恩に報ずるために働かして頂くという決心を親神様がお受け取り下さる時、身上は自《おの》ずから快癒《かいゆ》せざるを得ないのでありまして、これ即ち、『直《す》ぐと受け取る直ぐと返す』と仰せ下さる天の理であります」（『おかぐらのうた』284～285ページ）

病気の快癒の後に、ひのきしんをするのではなく、身上がまだ癒《い》えないときに、かしもの・かりものの理をあらためて思い起こし、それへの報恩の心、たすけ一条の心を力強く定める。それによって身上のご守護を見せていただくことができて、ひのきしんができるようになると悟らせていただきます。

ひとことはなしハひのきしん
にほひばかりをかけておく
七下り目　1

このお歌は、にをいがけもひのきしんの一つであると解釈されていますが、にをいがけもひのきしんの精神、つまり報恩の心で実践されなければならない、という意味に理解しますと、にをいがけとは報恩の心、信仰の喜びを伝えることであり、それはおたすけにほかならないと悟れます。

報恩の信仰は、身上・事情をたすけていただいた人々にのみ通用するものでは決してありません。また、おつとめとおさづけを中心とする、たすけ一条の信仰と異なるものでもなく、報恩の信仰こそ、たすけ一条の信仰の根幹に据えなければならないと思われます。

報恩とたすけについて考えてみますと、そもそも報恩の心のない〝おたすけ〟は、世間の体裁《ていさい》にとらわれた、ややもすれば自己満足に陥りかねない奉仕活動や、形のうえのご利益《りやく》を期待しての〝おたすけ〟、あるいは自力のみをたのむ傲慢《ごうまん》な〝おたすけ〟としては成立し得ても、本教の真のおたすけとしては考えられません。また、何らかのたすけを自然と伴わない報恩の心も、単なる感謝にとどまり、本教では考えられないと思われます。

ということは、真の報恩は必ずたすけを伴い、おたすけの根底には報恩の心があり、そのたすけの実践内容が、対物的には物を与えてくださる親神様への報恩として物を生かし無駄にしない暮らし方となり、対人的には理の親、肉親の親への孝行となり、また理の子、信者、社会の悩める人をたすけ、喜ばせ、勇ませるなどの行為となるといえるのではないでしょうか。

この報恩の信仰とは、ひのきしんの実践であり、その形は土持ち（目に見える形で手伝いをしたりすることだけではなく、現在では「ぢば」へのつくし・はこび等にもなっています）、にをいがけ・おたすけなど、おつとめ以外の一切の御用をつとめることになるわけであります。

「欲を忘れて、信仰のままに、喜び勇んで事に当《あた》るならば、それは悉《ことごと》くひのきしん」（『天理教教典』78ページ）となり、これを夫婦そろって実践するとき、ひのきしんはすべての不思議なご守護を頂く根本の種である「ものだね」となって、「一家の陽気は隣人に及び、多くの人々は、われもわれもと相競うて、ひのきしんにはげみ、世界には、一手一つの陽気が漲《みなぎ》つてくる。かくて、親神の望まれる陽気ぐらしの世が現れる」（同79ページ）ことになるわけであります。

夫婦について、『正文遺韻抄』に次のように教示されています。

「天は水、地は火と仰有《おっしゃ》る。男は水の如《ごと》く、女は火の如くやから、火がつのればやけにやならん。水がつのれば、ものがくさるやろ。いづれ〳〵、五分々々で日々と云《い》ふ。この理よう、き丶わけたなら、うち〳〵は、むつまじうをさまるで。……五本のゆびを合はせて、五分々々といふ五分々々といふは、夫婦の中も、互《たがい》にたてやふといふ理である」（245ページ）

夫婦そろってのひのきしんが、一家の治まりとともに社会の治まり、世界の平和へと、究極的につながっていくことを教えられていると悟ることができます。

教祖がおつとめと「元の理」を教えられましたのも、見方を変えますと、教えの根本にあるひのきしんの精神を私たちに教えられるためであり、ここにも教祖の御苦労が偲《しの》ばれます。

めづらしたすけ

せんしよのいんねんよせてしうごふする
これハまつだいしかとをさまる　一　74

わがみにハもふ五十うやとをもへとも
神のめへにハまださきがある　一　63

ことしより六十ねんハしいかりと
神のほふにハしかとうけやう　一　64

ことしから七十ねんハふう〳〵とも
やまずよハらすくらす事なら　十一　59

それよりのたのしみなるハあるまいな
これをまことにたのしゆんでいよ　十一　60

これらのお歌は、いずれも秀司先生ご夫妻に関して述べられたものです。

秀司先生は、おふでさき第一号が執筆された明治二年（一八六九年）に四十九歳で十九歳のまつゑ様と結婚されますが、明治十四年に六十一歳で、まつゑ様は翌十五年に三十二歳で、それぞれ出直されます。結婚から六十年、七十年どころか、わずか十二、三年で出直されています。これは、

みのうちにとこにふそくのないものに
月日いがめてくろふかけたで　十二 118

のお歌から分かりますように、「秀司先生に対する親神様の厳しいお諭しは、秀司先生個人に対する御意見と考えず、それを雛形《ひながた》にして、総《すべ》ての人々に教戒せられたものと解しなければならない」（『おふでさき註釈』一号26）からです。

では、私たちにとっては、どのようなお仕込みとなっているのでしょうか。

まず「せんしよのいんねん」「神のめへにハまださきがある」から、出直しと来生への生まれかわりが示唆されています。

また、「ことより六十ねん」は、おふでさき第一号が執筆された明治二年から六十年後、「ことしから七十ねん」は第十一号が執筆された明治八年から七十年後と考えますと、秀司先生はそれぞれ百九歳、百二十五歳になられます。その年になっても、「やまずよハらすくらす事」ができるということ、つまり「やますしなずによハりなきよふ」（三号99）、「百十五才ぢよみよ（定命）」（三号100）の、「めづらしたすけ」（三号98）が教えられています。

また、一個人ではなく夫婦が「めづらしたすけ」に浴せることが、なによりの楽しみであり、幸福であることも教えられています。夫婦円満、夫婦の和合が「めづらしたすけ」によってもたらされる陽気ぐらしの第一条件であり、貧富にかかわらず、親神様によって求められているわけです。

本教においては、夫婦の和が特に強調されています。

教祖は、「夫婦揃《そろ》うて信心しなされや」（『稿本天理教教祖伝逸話篇』九二「夫婦揃うて」）、「この道は、夫婦の心が台や」（同一八九「夫婦の心」）などと仰せられ、他宗の宗祖、開祖と異なり、夫婦のひながたをお残しくだされています（浄土真宗の親鸞《しんらん》は妻帯しましたが、そのことは教えには一切反映されていません)。

おさしづにも、

夫婦中治めるなら前世《ぜんせい》いんねんのさんげえと諭し置こう。(明治32・9・3)

夫婦の中たんのう一つの理、互い〳〵とも言う。さあこれより一つしっかり治めるなら、いかなる事も皆《み》んなこれ思うように事情成って来るという。(明治30・7・19)

人々《にんにん》に諭すには、内に台というもの拵《こしら》え。睦《むつ》まじいとの、内々に睦まじいという台を拵えて、それより世界伝え。何処《どこ》から見ても成程《なるほど》と言う。世界から成程と言うは天の理や。心に誠一つであれば、これが往還道や。(明治20・10 補遺)

と教示されています。

夫婦の治まりによって、あらゆる問題が解決され、夫婦の睦まじさ(親子、兄弟の睦まじさもありますが、それらは夫婦の睦まじさから自然と派生してくるものです)が、にをいがけ・おたすけにおいて、いかに大切であるかを分からせていただけます。

この「めづらしたすけ」は今生一代で成就《じょうじゅ》されるものではなく、何代も生まれかわり・出かわりするなかに、たすけ一条の御用によって少しずつ心のほこりが払われ、いんねんが切り換わることによって、一歩一歩近づいていくことができるものであります。

ほこりさいすきやかはろた事ならば
あとハめづらしたすけするぞや　三　98

平成二十四年に百歳以上の人（百寿者）が五万人を超え、五十年前の百倍以上になっているそうです。しかし、そのなかで認知症がなく、介護を要しない人は、たった四パーセントしかいないということです。聖路加《せいろか》病院の日野原重明《ひのはらしげあき》医師は、明治四十四年（一九一一年）生まれで、百歳を過ぎても年間百五十回の講演を、一時間立ってこなしているそうですが、このような人は例外で、ほとんどの百寿者は介護なしでは生活することができません。年齢は百十五歳に近づいても、病まず弱らずの「めづらしたすけ」とは程遠い現状です。

ところで、「めづらしたすけ」の「病まず」「弱らず」については常識的に理解されますが、「死なず」の意味はどのように考えられるでしょうか。

たすけでもあしきなをするまてやない

めづらしたすけをもているから　十七　52
このたすけどふゆう事にをもうかな
やますしなすによハりなきよに　十七　53

このおふでさきから、不死は「めづらしたすけ」によって実現することが分かりますが、このたすけは単に病気を治したりするようなたすけではない、と教えられていることから考えますと、「人間の魂は生き通しであるから人間は不死である」との解釈や、「いんねんのままに生きて死んでいくのを『死ぬ』といい、少しでも悪いんねんを納消《なっしょう》して出直すことが『死なず』に通じる」というような見方は十分でないと思われます。

それでは、人間は百十五歳まで生きられる素質があるので、百十五歳までに出直すことが「死ぬ」で、それ以上生きる場合は「死なず」になるのでしょうか。

『おふでさき通訳』（芹澤茂《せりざわしげる》著）では、「死なず」は「若死にしない」（103ページ）ことと、また『おふでさき講義』（上田嘉成著）では、「百十五才になるまでに出直したら、死んだと言う」（81ページ）と解釈されていますが、いまの段階では百十五歳以上の寿命（一部実現されている）と「めづらしたすけ」とは、必ずしも結びついていないので、そのような解釈も十分ではないように思われます。

その、ちハやまずしなすによハらすに
心したいにいつまでもいよ
四
37

のおふでさきから、次のようなことがいえるのではないでしょうか。

心次第にいつまでも寿命を与えていただけるということは、言い換えれば、出直しもまた心次第であるということです。つまり「もう百十五歳もはるかに過ぎたので、この辺で出直しさせてもらおう」と思うと、その願いを即座に叶《かな》えてもらい、出直す月日、時間や、場所や、次に生まれかわる所まで分かるようになったり、指定できるようになることが「死なず」の意味ではないでしょうか（尾崎栄治《おざきえいじ》著『しあわせを呼ぶ心』〈改訂新版286〜287ページ〉に、深谷源次郎《ふかやげんじろう》さんの、死に直面した病床で鼻歌を歌って皆との別れを惜しみながらの出直しや、市枝定吉《いちえださだきち》さんの「今日はわしの出直す日や、風呂沸かしてんか、身体《からだ》を清めてお返しせんならん」と言っての出直しが紹介されています）。

もし、このように考えますと、「死なず」とは、これまでの人間のように死の時期や原因が一切分からず、死に対する恐怖を持って出直すという、絶対的他律としての死ではなく、いわば相対的自律としての死を迎えることができるようになるということがいえるでしょう。そして、そのような死においては、彼岸《ひがん》における死の超越ではなく、此《し》岸《がん》における死の超越が可能になるのではないでしょうか。

此岸における死の超越といっても、単に肉体から遊離された精神においてではなく（この場合は死からの逃避にすぎず、死に対する恐怖は依然として残っています）、まさしく肉体における超越ですが、このような死を迎えられるとき、私たちはもはや不安や恐怖もなく、むしろ喜びや安堵《あんど》を感じることができるのではないでしょうか。

ところで、本教の救済では「不思議なたすけ」がいわれますが、この不思議なたすけと「めづらしたすけ」とは、同時に存在し並列するものではありません。また、「めづらしたすけ」は、不思議なたすけの一つの、特別なたすけでもありません。

たん〳〵と神の心とゆうものわ
ふしぎあらハしたすけせきこむ　　三　104
たすけでもあしきなをするまてやない

めづらしたすけをもているから　十七　52
どふどしてめつらしたすけをしへたさ
そこでかゝりたしごとなるぞや　十一　52

これらのお歌から、不思議なたすけは「めづらしたすけ」を究極の目的にする手段であり、「めづらしたすけ」に至る道中にすぎないと悟ることができます。

不思議なたすけが信仰の目的、ゴールではないということは、不思議なたすけを頂くことができても、それで心のほこりがすべて払われ、悪いんねんがすべて切り換えられたわけではないということです。逆にいいますと、親神様・教祖は、心のほこりが多く残っていましても、前生いんねんがありましても、私たちのたすけの実践や伏せ込みによって心のほこりを少し払ってくださり、徳相応の不思議なたすけを見せてくださるということであります。

例えていいますと、不思議なたすけに浴せるということは、「めづらしたすけ」を目的地にするドライブにおいて、道中にあるドライブインで、しばしの休息を取るようなものです。そこには、お城のような立派な建物がそびえ、居心地がいいので、いつまでも留《とど》まりたくなるかもしれませんが、そこが目的地ではありませんので、いつまでも滞在することはできません。再び目的地を思い出し、次のサービスエリアまでドライブを続けなければなりません。

目的地である最終ゴールは、はるかかなたにあり、全く見えず、いつ到着できるか分かりません。そのために目的地を忘れてしまったり、道を間違えてあらぬ方向へ進んだりすることがあるかもしれません。しかし、人間として命を与えられる限り、ドライブを続けなければなりません。たとえ五里霧中の道であっても、カーナビを常に見て、たすけの実践、伏せ込みを続けていますと、必ず雲散霧消して晴天となり、安心してドライブを続けることができ、次のドライブインに無事に到着できます。そして、ゴールに一歩近づくことができるのです。

往還道は通りよい、細い道は通り難《に》くい。なれど、細い道は心に掛けて通るから、怪我はせん。大道はけつまずかにゃならん。けつまずくというは、心に油断するから怪我をする。これ聞き分けてくれ。（明治29・10・5）

「細い道」を、節を見せられていんねんと悪戦苦闘している様子、「往還道」を、節を見せられておらず、いんねんの苦しみもなく、いんねんがないかのように錯覚して安心して暮らしている様子と悟りますと、このおさしづによって親神様は、「めづらしたすけ」に至る道中の厳しさ（おふでさき第一号47～49にも教示され、往還道の先にある「ほんみち」が教えられています）とともに、たすけの究極の目的である「めづらしたすけ」を絶対に忘れてはならないことを教えられているのかもしれません。

このたすけ百十五才ぢよみよと
さだめつけたい神の一ぢよ　三 100

親神様、存命の教祖は、「めづらしたすけ」の成就を私たちに確約されているわけであります。

断食について

明治五年、教祖は七十五歳になられる。この年六月の初め頃《ごろ》から七十五日の間、穀気《ごくけ》を一切断って、火で炊いたものは何一つ召し上《あが》らず、たゞ水と少量の味醂《みりん》と生野菜とを召し上るだけであった。

（『稿本天理教教祖伝108ページ』）

明治五年（一八七二年）、教祖は七十五日の断食中に若井村《わかい》（現奈良県平群町《へぐり》）の松尾市兵衛宅へ歩いておたすけに赴《おもむ》かれました。そこで、次のように仰せになっています。

「いゝ、ためしやで」

「えらい御馳走《ごちそう》やな。おおきに。その心だけ食べて置くで。もう、これで満腹や。さあ、早《は》ようこれをお下げ下され。その代わり、水と塩を持って来て置いて下され」

「わしは、今、神様の思召《おぼしめ》しによって、食を断っているのや。お腹《なか》は、いつも一杯や」
「おまえら、わしが勝手に食べぬように思うけれど、そうやないで。食べられぬのやで」
（『稿本天理教教祖伝逸話篇』二五「七十五日の断食」）

教祖は、慶応元年（一八六五年）の助造《すけぞう》事件のときも、事前に約三十日間の断食をされています。また、明治二年の四月末から六月初めにかけて三十八日間の断食をされていますが、これらの断食のひながたは、どのような意味をもっているのでしょうか。

まず、他宗における断食を見てみましょう。

ユダヤ教では、断食は贖罪《しょくざい》、ざんげの行為として意味づけられています。キリスト教では、イエスの荒野《あらの》における四十日間の断食（「マタイによる福音書」第4章参照）が有名ですが、これは悪魔による試練という意味だと考えられています。「断食をする時には、偽善者がするように、陰気な顔つきをするな。彼らは断食をしていることを人に見せようとして、自分の顔を見苦しくするのである」（同第6章16）と、神をめどにした断食修行が教えられているのかもしれません。

また、イスラム教では現在も、イスラム暦第九月（ラマダーン月）に三十日間の断食をします。日の出から日没まで水も飲めませんが、夜間の飲食は許されています。単なる宗教上の義務であって、逆に断食月は、年間で最も食糧の消費が多い月ともいわれています。

教祖の断食については、助造事件の場合は、「そのほこりの理が、親様の御身にかゝつてきて、この御絶食の御苦労をなして被下《くだされ》たのでありますまいかと、乍恐《おそれなが》ら考へられます」（『正文遺韻抄』58ページ）と記され、異端者のほこりを払うための断食と解釈されています。

また、明治二年の断食について、矢持辰三氏は、おふでさきは明治二年正月からのご執筆であり、人々に並の書き物ではないと印象づけるために断食をされたと解されています（『教祖伝入門十講』237〜238ページ参照）。

では、断食は教祖のご意思ではなく、「神様の思召しによって」と仰せられていますが、この意味は何でしょうか。

親神様が教祖を試されて、「七十五日の断食の後《のち》、水を満《み》たした三斗樽《とうだる》を、いとも楽々と持ち運ばれた」（『稿本天理教教祖伝』108ページ）のを人々に見せられ、教祖が「月日のやしろ」におわすことを示されたのでしょうか。だとすれば、断食は私たちにとってのひながたにはならないのでしょうか。

教祖は『稿本天理教教祖伝逸話篇』一六一「子供の楽しむのを」のなかで、桝井《ますい》キクさんが、どうしてもお屋敷に帰らせていただけない日には一日中、塩気断ち、煮物断ち、というようなことをしているのを見て、「そんな事、する事要《い》らんのやで」と、優しく諭しておられます。また、六四「やんわり伸ばしたら」のなかで、おたすけのために厳寒の深夜、淀川《よどがわ》で水行を三十日間続けていた泉田藤吉《いずみたとうきち》さんに、「熊吉《くまきち》さん、この道は、身体《からだ》を苦しめて通るのやないで」と、親心あふれるお言葉を掛けておられます。

これらのお話から思案しますと、断食は、しなければならないものではなく、しなくてもよいものと思われますが、必ずしも、してはいけないものでもないようです。

東本《とうほん》大教会初代の中川《なかがわ》よしさんは、明治二十七年十二月、昼はおたすけに回り、夜はハンセン病のおたすけのために十八日間断食したうえ、不眠不休で夜中の午前零時、二時、四時に水行を取ってお願いづとめをされ、最後の日に、実に奇跡的なご守護を見せていただかれます（高橋兵輔《たかはしへいすけ》著『中川與志』141～142ページ参照）。

ここから思案しますと、断食とは親神様が働かれるための〝たすけの台〟と考えられ、親神様は教祖に、「たすけ一条の台」（明治32・2・2）を据えるために断食を命じられたのではないでしょうか。

道の上の土台据えたる事分からんか。長い間の艱難《かんなん》の道を忘れて了《しま》うようではならん。（明治34・2・4）

この「艱難の道」の一つとしての断食ということを考えますと、助造事件の前の教祖の断食は、親神様が教祖の断食を台として円満な解決を図られたのだと悟れます。落着まで七日を要しましたが、最後は「就《つ》いては、決していまゝでのやうな事はいたしませんから、たゞ神様の御名前だけとなへさして被下《くだされ》と、だん〳〵願ひいれたから、唱へる丈《だけ》はゆるしておかうと被仰下《おおせくだされ》て、まづ何事もなく治まつて、おかへりあそばされました」（『正文遺韻抄』60ページ）と記されています。

明治二年の断食についても、「たすけ一条の台」としての観点から考えますと、親神様が「ふでさきというは、軽いようで重い。軽い心持ってはいけん。話の台であろう」（明治37・8・23）と示されますように、「話の台」を明治十五年（おふでさきの筆が止まる年）まで据えるために、断食をお命じになったのではないかと悟れます。

また、明治五年の断食も、それ以後の、かんろだいの雛型《ひながた》製作（明治六年）に始まる、つとめの完成に向かっての、親神様のたすけ一条のお働きの台としての意味があるのではないかと思われます。


では、断食は、教祖のひながたとして、私たちにとって必要なものでしょうか。

先に述べましたように、教祖は、断食は絶対にしてはいけない、する必要がないとは言われていないと考えます。

中川よしさんのようなまねはできませんが、たとえば、食べられない病人のおたすけに当たって三日間の断食をするよふぼくは多く、それ相応のご守護を見せられることもあると思います。

しかし問題は、断食の行為そのものではなく、心にあります。

人間の誠の心の理が人の身を救《たす》けるのやで。（明治21・8・9）

我が身捨てゝも構わん。身を捨てゝもという精神持って働くなら、神が働く、という理を、精神一つの理に授けよう。（明治32・11・3）

と教示されますように、「誠の心の理」に親神様が働かれるわけですから、それは断食とは違う形（たとえば、真実のつくし・はこび、十二下りのおつとめ等）であってもいいと思われます（『稿本天理教教祖伝逸話篇』七「真心の御供《おそなえ》」のなかで記されているような真実のお供えです。「教祖は、その品物よりも、その人の真心をお喜び下さるのが常であった」と記されています）。

教祖が断食によって、親神様からの「ためし」（これは教祖にとってではなく、教祖を台としての、私たちへの「ためし」、お仕込みと悟れます）として「たすけ一条の台」を教えられたのであれば、私たちはそのひながたにならって、たすけの台、それによって親神様、存命の教祖にお働きいただくための足場を、日々のたすけ一条の御用を通して築かせていただくことが何より大切であると思われます。

台については、おさしづに次のように教示されています。

何でも彼《か》でも古い道失《うしの》うてはならん。これ台である。（明治32・5・8）

大きいな台を拵《こしら》えるで。楽しみは、いつまでの楽しみ。（明治33・2・11）

何でも彼でも扶《たす》け合い〳〵が台である。（明治33・10・26）

人の事してやるというはこれが台。（明治31・6・3）

この台を不動の盤石なものにすることが、成人ということであり、これによって親神様、存命の教祖による心通りのご守護が確約されるといえるでしょう。

教祖のお出張り

いよ〳〵世界に向《むか》って、高い山から往還の道をつける。警察の召喚も出張も、悉《ことごと》くこれ高山たすけを急込《せきこ》む親神の思召《おぼしめし》に他《ほか》ならぬ、と、今後満十二年に亙《わた》り、約十八回に及ぶ御苦労を予言され、又《また》、その中にこもる親神の思召の真実を宣《の》べ明かされた。今や将《まさ》に、教祖に対する留置投獄という形を以《もっ》て、高山布教が始まろうとして居る。

（『稿本天理教教祖伝』114～115ページ）

教祖は明治七年（一八七四年）から、高山布教という形で、本格的に「お出張《でば》り」（お出掛け）をされるようになります。これによって官憲からの妨害や弾圧が、いよいよ教祖の御身に及ぶようになり、拘留、投獄という御苦労の道中が始まることになりますが、このことを思案する前に、明治七年までの教祖のお出張りについて拝察させていただきます。

三代真柱様は、昭和五十七年秋季大祭の神殿講話で次のように話されています。

「針《はり》ケ別所《べっしょ》、平等寺《びょうどうじ》、三昧田《さんまいでん》へのお出かけは、元のぢばを正し、かぐらづとめをお整え下さるためと拝すれば、安堵《あんど》村、大豆越《まめこし》村、若井《わかい》村、教興寺《きょうこうじ》村へのお出かけは、親神様の思召をお広め下されるためのにをいがけ・おたすけと思案させてもらうことができると思うのと、円照寺《えんしょうじ》、県庁、警察監獄へのお出かけは、言うまでもなく往還道をおつけ下されるためなのであります。いわばこの三つはいつでも合図立て合《お》うて、密接なつながりをもちながら、道すがらに現れているのであります」

（『みちのとも』昭和57年12月号、15～16ページ）

このなかで、五十年のひながたにおけるお出張りを「一、元のぢばを正し、かぐらづとめを整える」「二、にをいがけ・おたすけ」「三、往還道をつける」という三つの目的に分けて、いずれもたすけ一条という観点から密接なつながりをもつことを指摘されています。

まず、一と二について、『稿本天理教教祖伝』に基づいて具体的に見てみましょう。

教祖が「月日のやしろ」となられた天保九年（一八三八年）から文久元年（一八六一年）までは、確かなお出張りの史実は明らかではありませんが、嘉永七年（一八五四年）に、をびや許しを出されてからは、「重病人があって頼みに来ると、教祖は、いつもいと快くいそ〳〵とお出掛けになった」（42～43ページ）と記されていますので、お出張りは始まっています。お出張りの順序として、まず先方からの願い出によるおたすけを始められます。

○文久二年、安堵村へ足を運ばれ、産後の煩《わずら》いのおたすけ（43ページ）。

○文久三年、安堵村の飯田善六《いいだぜんろく》さんの子供のおたすけに出掛けられ、七、八日間滞在（46ページ）。

○文久四年、安堵村の飯田宅へ出向かれ、四十日ほど滞在。近在の村々からたすけを求める人が引っきりなしに続いた（46～47ページ）。

○慶応元年（一八六五年）八月十九日から二十五日まで、大豆越村の山中忠七宅へ出掛けられ、寄り来る人々に親神様の思召を伝え、身上・事情に悩む人々を救《たす》けられる（63ページ）。

○慶応元年十月二十日ごろ、約三十日間の断食ののち、針ケ別所村へお出張りになり、神の理を曲げた助造の異端を正される。七日ほど滞在（64〜66ページ）。

○慶応四年三月七日、大豆越村の山中忠七宅へ出掛けられ、十日まで滞在（99ページ）。

○明治二年、平等寺村の小東《こひがし》家へ赴《おもむ》かれ、秀司先生とまつゑ様の縁談交渉（105〜106ページ）。

○明治五年七月ごろ、七十五日間の断食中、若井村の松尾市兵衛宅へ歩いて赴かれ、十余日間滞在（108ページ）。

　このお出張りは、普通の人間では到底できない長期の断食中でも、通常通り御身を動かすことのできる、「月日のやしろ」としての実証をされた、との見方があります。この年の九月には「別《べつ》火《び》別鍋《べつなべ》」を仰せられ、「月日のやしろ」たる立場を明確にされています。また『稿本天理教教祖伝逸話篇』には、この若井村へのお出張りの際のお話が、二五「七十五日の断食」、二六「麻と絹と木綿の話」、二七「目出度い日」と三つ挙げられています。

○明治七年六月十八日、三味田村の前川《まえがわ》家へ、かぐら面のお迎えに行かれる（111〜113ページ）。

教祖は、かぐらづとめの道具であるお面の製作を、里の兄である前川杏助《きょうすけ》さんに依頼されていました。お迎えに行かれたその日に、初めてお面をつけて、おてふりを試みられたことが記されています。

○明治十五年六月十八日、教興寺村の松村栄治郎《まつむらえいじろう》宅へ、まつゑ様の姉・おさくさんの身上のおたすけに赴かれ、三日間滞在（240ページ）。

この松村宅へのお出張りのときに、教祖は「ここは、詣《まい》り場所になる。打ち分け場所になるのやで」（『稿本天理教教祖伝逸話篇』一〇二「私が見舞いに」）と仰せられています。「打ち分け場所」は、髙安《たかやす》大教会では教会と受けとめられているようですが、教祖はどのように思われて仰せになったのでしょうか。

次に、三つ目の「往還道をつける」という意味について考えてみましょう。

教祖は明治七年以降、官憲による召喚、拘留などの、高山への御苦労の道中を通られますが、『稿本天理教教祖伝』には教祖の召喚、拘留については十三回の記述があります。

自らのお出張りと、官憲による召喚、拘留とは意味は異なりますが、教祖が拘留されることも「神のをもハくあるからの事」（五号59）であり、強制されたものではなく自発的、自主的なものと考えますと、お出張りの一種と考えることができます。

教祖は一体なぜ、警察や監獄署へお出張りになられ、御苦労くだされたのでしょうか。

十三回の召喚、拘留、留置を列挙してみましょう。

①明治七年十二月二十三日、奈良県庁からの呼び出しで山村御殿《やまむらごてん》へ（118～120ページ）。

②明治八年九月二十五日、奈良県庁から差紙《さしがみ》がつき出頭。取り調べに応じられ、三日間留置。後日、二十五銭の科料に処せられる（132～134ページ）。

③明治十四年十月七日、丹波市分署へ拘引。五十銭の科料（156ページ）。

④明治十五年二月、奈良警察署から呼び出し。二円五十銭の科料（234ページ）。

⑤明治十五年十月二十九日、奈良警察署から呼び出し。奈良監獄署へ十二日間拘留（243～244ページ）。

⑥明治十六年八月十五日、雨乞《あまごい》づとめの後、丹波市分署へ連行、徹夜《よどおし》留置。二円四十銭

の科料（259～264ページ）。
⑦明治十六年十月十六日、巡査が二名出張し、尋問の筋ありと称して引致（265ページ）。
⑧明治十七年三月二十四日、丹波市分署へ拘引し、奈良監獄署に十二日間拘留（269～272ページ）。
⑨～⑪明治十七年四月から六月、毎月陰暦二十五日から二十七日までの三日間、警察へ連行し留置（272～273ページ）。
⑫明治十七年八月十八日、丹波市分署へ拘引し、奈良監獄署に十二日間拘留（273ページ）。
⑬明治十九年二月十八日、櫟本分署に拘引し、十二日間拘留（282～292ページ）。
以上が『稿本天理教教祖伝』に記されている官憲による教祖の召喚、拘留、留置で、計十三回を数えますが、一説に教祖の御苦労は十七、八回ともいわれています。分署から監獄署へ移られるときに、二回として数えるためかもしれません。

二代真柱様は『ひとことはなし』のなかで、明治七年、山村御殿以来の御苦労の大略を述べられた後、「明治十四、十五、十六、十七、十八年頃《ごろ》の様子は、或《あるい》は多少もれてゐるかも知れません。丹波市分署へ、一日乃至《ないし》三日の御苦労は、もつとあつたのではないかとさへ思はれます」（251ページ）と記されています。

明治十九年の拘留については、項を改めてふれますので、ここでは明治十五年十月の御苦労について考えてみたいと思います。

『正文遺韻抄』に「九月十八日事件」（104ページ）と題した一節があります。

教祖が呼び出しを受けて奈良警察へ行かれた十月二十九日は、陰暦九月十八日で、九月九日夜に次のような神様のお話があります。

「さあ〳〵、屋敷の中〳〵、むさくるしいてならん〳〵。すつきり、神がとり払ふで〳〵。さあ十分、六だい、何にも云《い》ふ事ない、十分八方ひろがるほどに、さあ、このところより下へもおりぬもの、なんどき何処《どこ》へ神がつれてでるやしれんで」

九月十七日夜、「明日出頭せよ」との召喚状が届きます。飯降伊蔵先生にお伺いしますと、神様からの次のようなお話が下ります。

「さあ〳〵、何もあんじる道やない。さあこれで、すつきりねをからしてしまふた。これでこそ、もう、ねが絶えたかと、かみにも思ふてゐる。思ふ心が違ふから、さあ根さきから芽がふく〳〵、西も東も北も南も、さあ、一枚板になつてきたとの事や、さあ、しつかりきいておくがよい」

屋敷のなかのむさくるしいものを神が取り払うとは、具体的には明治十五年十一月の蒸し風呂と宿屋業の廃業、十二月十四日の地福寺《じふくじ》引き払いのことと思われます。地福寺引き払いとは、明治十三年九月二十二日に開筵式《かいえんしき》を行った、地福寺（真言宗）の配下にある転輪王講社《てんりんおうこうしゃ》を廃止することです。これについては、教祖が最初から「そんな事すれば、親神は退く」と言われ、強く反対されていたのですから、当然のことといえるでしょう。

では、「十分八方ひろがる」「なんどき何処へ神がつれてでるやしれんで」とは何を意味するのでしょうか。

「すつきりねをからしてしまふた」「もう、ねが絶えた」とは、官憲が八十五歳の教祖を拘留することによって本教の勢いが止まってしまうこと、と考えますと、そのようになっていくどころか、反対に「根さきから芽がふく」「一枚板（岩？）になつてきた」、つまり、たすけ一条のうえに親神様・教祖がより働かれ、教勢が伸びていくことを意味しているように悟れます。

教祖をいくら拘束して身動きができないようにしても、教祖は現身《うつしみ》を持たれたままで「存命の理」としてのお働きをされる、つまり、留置されていても御魂はたすけ一条のうえに働いておられるので、おさづけを通しての不思議なたすけを見せていただけるということを、明治十五年十月の御苦労を通して私たちに仕込まれたのではないでしょうか。

明治七年十二月二十三日、山村御殿への召喚に始まる教祖の御苦労は、「高山から世界に往還の道をつけるにをいがけ」（『稿本天理教教祖伝』142ページ）、つまり高山布教であり、「此処《このところ》、とめに来るのも出て来るも、皆、親神のする事や」「親神が連れて行くのや」（同290ページ）と教示されています。

官憲からの受動的なものではなく、逆に、たすけ一条の主体的な働きかけと教えられますが、それとともに、「存命の理」を教えるためであるとも悟れます。

「此処、とめに来るのは、埋《おぼ》りた宝を掘りに来るのや」（同290ページ）の「埋りた宝」を「存命の理」と考えますと、教祖を拘束することによって、たすけ一条の道が妨げられるどころか、逆に、教祖は「存命の理」として、御魂は身体的制約をはなれて自由自在に、世界たすけに飛翔《ひしょう》されるということを、「埋りた宝を掘りに来る」という言葉で私たちに教えられているのではないでしょうか。

教祖は、官憲への御苦労が始まってから、より強くおつとめを急《せ》き込まれるようになります。おつとめとは「人間創造の真実の親たる親神・天理王命の理がこもる」（同207〜208ページ）もので、おつとめの勤修《ごんしゅう》によって親神様が勇まれ、不思議なたすけを見せていただくことができます。

教祖の御苦労は、一見しますと、親神様の教えや思召の分からない、たすけ一条を妨害する官憲によってもたらされたものと思えますが、「西も東も北も南も、さあ、一枚板になってきた」の「一枚板」を、おつとめと「存命の理」を通して、親神様と教祖のお働きが一体となることで、それによって世界たすけが加速されると解しますと、あらためて私たちに「存命の理」の意味や、おつとめの大切さを教えるための御苦労でもあると悟らせていただくことができます。

赤衣

（明治七年）十二月二十六日、教祖は、初めてを赤衣《あかき》を召された。……身に赤衣を召されて、自ら月日のやしろたるの理を闡明《せんめい》された。これ、ひとえに、子供の成人を促される親心からである。

これからは常に赤衣を召され、そのお召下《めしお》ろしを証拠守りとして、弘《ひろ》く人々に渡された。

（『稿本天理教教祖伝』122～123ページ）

さあ／＼ちゃんと仕立てお召し更《か》えが出来ましたと言うて、夏なれば単衣《ひとえ》、寒くなれば袷《あわせ》、それ／＼旬々の物を拵《こしら》え、それを着て働くのやで。姿は見えんだけやで、同《お》んなし事やで、姿が無いばかりやで。

（明治23年3月17日）

教祖は、明治二十年陰暦正月二十六日に現身《うつしみ》をかくされますが、いまも元の屋敷に留《とど》まり、世界たすけに存命でお働きくだされています。

お姿は見えませんが、「存命でありゃこそ日々働きという。働き一つありゃこそ又《また》一つ道という」（明治29・2・4）、「子供可愛《かわ》い故、をやの命を二十五年先の命を縮めて、今からたすけするのやで。しっかり見て居よ」（明治20・2・18）と仰せられるように、目に見える具体的なお働きをしていると、はっきり言われています。

教祖は、おふでさき第六号を明治七年十二月から書き始められています。そのなかで、これまで使ってこられた「神」という文字を「月日」にかえられ、

このあかいきものをなんとをもている
なかに月日がこもりいるそや　六 63

と教示されるとともに、十二月二十六日から着物も足袋《たび》も赤一色のお召し物を身につけられ、自ら「月日のやしろ」であることをお姿にもお示しくださるようになります。

「証拠守り」は、現在でも十五歳以上であれば本人が、十五歳未満の小人は親が代わって頂くことができますが、渡されるものは同じではありません。どちらもお召し下ろし

の赤衣ですが、十五歳以上の場合は赤衣を三寸四方に切り、これを三角に折って縫い、なかに「神」という字の書かれた五分のきれが入っています。

この意味については、次のように説明されています。

「此《こ》の三寸四方という理は、元ない世界、ない人間をお宿し込み下された元の地場、是《これ》が四方正面の屋敷である。それで三寸四方に切ってある。又《また》、この三寸という理は世界中ない人間を元此《こ》の御屋敷でいざなぎ、いざなみの命《みこと》様を種苗代にして其《そ》の胎内月日の心入込《いりこ》んで、三日《みっか》三夜《みよさ》に宿し込み下された理を以《もっ》て、三つ身につくと仰《おっ》しゃる。又、五分のきれに神という字を書いてあるは、人間は元生《うま》れる時には、五分から生れて五分五分と成人して、神様の御守護で五尺の人になったのである。それで五分のきれに神という字を書いてあります」

（『根のある花・山《やま》田《だ》伊《い》八郎《はちろう》』151～152ページ）

小児のおまもりは、二寸に一寸二分の赤衣を四角に縫い、なかに「む」という字を書いた五分のきれが入っています。この「む」の意味については次のような説明があります。

「……中に無《む》の字が書いてある。これはどういふ理であるかといへば、南《な》は月様の理、無《む》は日様の理で、日様の理いけん丈《だ》けなら明るうなる。月様のは黒うなる。それで子供が黒疱瘡《くろぼうそう》にならん様《よう》に無の字が書いてある。昔の疱瘡といへば怖い病気で黒疱瘡になると重い。むつかしいから黒疱瘡にならん様にといふので子供の頂くのを疱瘡守りといつて、それに日様といふ意味で無の字が書いてある」

（高井猶吉《たかいなおきち》「道の理の節々（続き）」『みちのとも』大正11年10月20日号、14ページ）

大人、小人の二種類のおまもりは、それぞれ「悪難除《よ》けの守り」、「ほうその守り」ともいわれますが、どちらも存命の教祖のお働きを頂ける、最も身近で大切なものです。

当人が出直しても、内々の宝として祀《まつ》るように教えられています。

一人《ひとり》の心に下げてある。人《にん》が変わりて一つ前々《ぜんぜん》の理、内々の大切な宝として祀るがよい。

（明治23・5・16　出直後、証拠守取扱いの事情願）

私たちは現在、お召し下ろしの赤衣を、おまもりを通して頂いています。おまもりは、身を安全に守っていただけることは言うまでもありませんが、存命の教祖のお働きを頂いてお守りくださるわけですから、常に教祖が存命で肌身はなれず付き添ってくださっている、教祖と共に日々歩ませていただいている、教祖のお供をさせていただいているということや、求められているたすけ一条の心を常に忘れることなく、日々を通らせていただくことが大切であると思います。

ところで、『稿本天理教教祖伝』に「お召下《めしお》ろしの赤衣で作った紋」（157ページ）という言葉があります。教祖は明治十四年、当時五歳のたまへ様に、「子供は罪のない者や、お前これを領《わ》けておやり」と仰せられ、居合わせた人々に領けさせられますが、これは何のための紋でしょうか。

『正文遺韻抄』に次のような記述があります。

「明治十四年、増井《ますい》おりん様を、はりのしんとして、山澤《やまざわ》おひさ様と両人に、十二の菊の紋を拵《こしら》ふ事を御命じ被遊《あそばされ》、七十五人の人衆の印として、御下げになりたる事あり。そのおさげ被下《くださる》前晩に御咄《おはなし》あり。『多くの人がおはりすれば、誰が人中ともわからぬ程に、明日は人中の印を渡す。渡す事は渡すが、持ちて居られる者と、持ちて居られぬ者とあるで』と仰有《おっしゃ》つて……」（149～150ページ）

この「人中」を人衆と解し、「七十五人の人衆」を、つとめ人衆（かぐら十人、鳴物九人、てをどり三十六人、がくにん二十人で合計七十五人となりますが、「がくにん」については「学人」「楽人」などの文字を当てて、「事務をとる人」、あるいは「こふきを書く人」等の解釈があります〈『ひとことはなし　その三』109～110ページ参照〉と受け取りますと、親神様・教祖のお目にかなった人をつとめ人衆に決められ、その目印として「十二の菊の紋」を渡されたと悟れます。

また、たまへ様を通して渡されたことには、子供心は純粋で、ねたみやそねみの大人の心を引き起こしにくくするという、教祖のお心配りが感じられます。

この「十二の菊の紋」は、さしわたし（直径）三寸で、赤地（赤衣と思われます）に、十二弁の菊の模様に白糸を縫いつけたもので、「はりのしん」（針の芯）の方だけが作ることを許され、数十人の人々に渡されたようです。しかし、教祖が「持ちて居られる者と、持ちて居られぬ者とあるで」と仰せられたように、頂いても身上を見せられ、すぐに返納した人や失った人も多くあったようです。また、明治十六年の雨乞《あまごい》づとめのとき、この紋を背中に縫い付けたおつとめ衣《ぎ》を着て、警察に没収された人もあり、その後も保存できた人はかなり少なかったといわれています。

つとめ人衆は、かぐら、鳴物、てをどりの順序で役割が決められますが、女鳴物の三人（胡弓＝上田ナライト、琴＝辻とめぎく、三味線＝飯降よしゑ）を除いて、かぐら十人、男鳴物、てをどり、がくにんの人衆については氏名定かでなく、決められても、必ずしもその通りに勤められたわけではなかったようです。

つとめ人衆には、まだ出生していない人もいて、代理も教祖のお許しがないとできない以上、教祖ご在世中は、つとめ人衆が完全にそろって勤められたことはないように思われます。教祖が現身をかくされた明治二十年陰暦正月二十六日のおつとめは、かぐら九人が男性、てをどりは六人とも男性、鳴物は琴・三味線・鼓しかなく、琴はたまへ様がつとめられています。

最後に、教祖から賜りました赤衣によるおたすけについて、少しふれてみます。『稿本天理教教祖伝逸話篇』二〇〇「大切にするのやで」のなかで、教祖は明治二十年一月十一日、紺谷久平《こんたにきゅうへい》さんに山本利三郎《やまもとりさぶろう》さんを通して赤衣を下され、「これは、粗末にするのやないで。大切にするのやで。大事にするのやで」と仰せられています。

同じく五一「家の宝」において、教祖は村田《むらた》イヱさんの息子・亀松《かめまつ》さんのおたすけに際して、イヱさんに「さあ〳〵これは使い切れにするのやないで。家の宝やで。いつでも、さあという時は、これを着て願うねで」と仰せられて、赤衣を亀松さんにお着せくだされ、おたすけされています。

また、泉東《せんとう》分教会の初代・村上幸三郎《むらかみこうざぶろう》（筆者の曽祖父）は、明治十三年に教祖におたすけいただいてから（『稿本天理教教祖伝逸話篇』七二「救《たす》かる身やもの」参照）、少なくとも月に三度は徒歩でおぢばへ、信者やたすけを求める人々を連れて帰らせていただいていました。あるとき、教祖のお好きな味醂《みりん》を買い求めるために、わざわざ堺まで遠回りをして最上のものを買い求め、それを家で拵えた赤衣とともに差し上げますと、教祖は「篤《あつ》く受け取るで」と仰せになり、自らお召しになっていた赤衣をご下付くださいました。

初代はそれから毎日、東奔西走し、席暖まる暇なくおたすけを続けました。病人がいれば、持参した赤衣でおたすけをしますと、次々に不思議なたすけを見せていただくようになりました。また今日においても、赤衣を通しての不思議なご守護の数々をお見せいただいております。

身上だすけのさづけ

教祖は、赤衣《あかき》を召して、自らが月日のやしろに坐《おわ》す理を明らかに現わされた上、一に、いきハ仲田、二に、煮たもの松尾、三に、さんざいてをどり辻、四に、しっくりかんろだいてをどり桝井、
と、四名の者に、直々、さづけの理を渡された。

（『稿本天理教教祖伝』124ページ）

教祖は明治七年（一八七四年）十二月二十六日、初めて赤衣を召され、「月日のやしろ」としての理をあらためて明示されます。そして、四人の人に身上だすけのためのさづけ（元治元年に扇、御幣《ごへい》、肥のさづけを渡されますが、身上だすけのさづけではありませんので割愛します）を渡されます。

赤衣を召されてからも渡しておられるということは、おさづけは祈祷《きとう》やまじないの類《たぐい》ではなく、おさづけによるたすけの主体は、あくまでも月日親神様であることを教えられていると思いますが、ここから、おつとめに先んじて、おさづけによるたすけ一条の道が始められることになります。

四つのおさづけの内容を見ますと、まず「息のさづけ」は、親の息を教祖に代わってかけさせていただけるおさづけで、教祖ご在世中は仲田儀三郎さんと高井猶吉さん、本席様の時代になってからは梅谷四郎兵衛さん、増井りんさんの四人にしか渡されていないおさづけであります。

このおさづけは、いざなぎのみこと・いざなみのみことが人間産みおろしのときに、産みおろすごとに親の息をかけられた理に基づくもので、教祖ご在世当時、遠方の信者が身上のためお屋敷に帰ってこられないとき、その家内の者が、病人が身につけていた着物や下着などを持ち帰って教祖にお願いをする。そして、お息をかけていただき、それを頂いて帰って病人に着せると、鮮やかなご守護を頂いたと聞かせていただきます。

　また、遠方よりはるばる帰れない者に、教祖はお息を紙におかけくださって、それを与えられました。ところが、信者が次第に増えてくると、教祖一人ではとても間に合わなくなり、教祖は息のさづけを頂いている仲田儀三郎さんに「さあ、あんたも私の側《そば》で御紙に息をかけてやっておくれ」と言われたということです（桝井孝四郎著『おさしづ語草　上』138～140ページ参照）。

　二つ目の「煮たもののさづけ」は、「にたものじきもつのさづけ」といわれるもので、このおさづけは普通のおさづけのように取り次ぐものではなく、「じきもつ」の御供《ごく》を病人にお下げくださるおさづけです。その御供は、白米三合を袋のなかに入れて、煮え立った湯に三遍浸し、少しふやけたお米、それが「じきもつ」です。これを保存しておき、病人に御供として与えられます。

　このほかに「じきもつのこう水《ずい》のさづけ」というおさづけもあります。これは山澤良治郎《やまざわりょうじろう》さんに教祖が渡されたものです。清水《せいすい》のなかに白砂糖を入れ、おさづけを頂いた方が先に三口飲み、その理によって、その水が「じきもつのこう水」になり、これを病人に頂かせます。「にたものじきもつのさづけ」は松尾市兵衛さん、「じきもつのこう水のさづけ」は山澤良治郎さんと山澤為造《ためぞう》さんにだけ渡された、といわれています（前掲書167～169ページ参照）。

三つ目の、辻忠作さんに渡された「さんざいてをどりのさづけ」は、現在、別席を運んで頂くおさづけのことで、「あしきはらいのさづけ」ともいいます。「さんざいこゝろをさだめ」（一下り目3）と教えられますように、無邪気な三才心、親神様のお心に適《かな》う素直な心は、お道の信仰において一番大切な心であり、この心で取り次がせていただくことによって、不思議を見せていただけます。

三遍ずつ三回撫《な》でる理は、教祖の親心を撫でる理によって表しており、三遍撫でるのは身につく、六遍はろっくに治まる、九遍で苦がなくなる、とも聞かせていただきます（同171～173ページ参照）。

いゝ、たすけ一条、勇める処《ところ》話を伝え。心発散すれば身の内速やか成るで。病というはすっきり無いで。めん〳〵の心が現われるのやで。（明治20・9・5）

　このおさしづは、山田伊八郎さんにおさづけを渡されるときのもので、おさづけによってわが身がたすかることを、はっきり教えられているように悟ることができます。ところで、このおさづけは、「これまで子供にやりたいものもあった。なれども、ようやらなんだ」（明治20・2・18）もの、と教えられます。

　ようやらなんだ理由は、まず、人間の成人の鈍さゆえと考えられます。そして、このおさづけは慶応二年（一八六六年）に教えられた、かぐらづとめの第一節の地歌と全く同じであることから、かぐらづとめの理を受けて取り次ぐものであって、つとめがまだ完成されていなかったことが一つ。それと、おさづけは「存命の理」のお働きを前提としますが、教祖がまだ現身《うつしみ》をもってお働きくださることによって、「存命の理」としての自由なお働きができないことがあるのではないでしょうか。また、おさづけを授ける本席の準備ができていないことも、理由として考えられます。

　四つ目のおさづけは「かんろだいのさづけ」で、「かんろだいてをどりのさづけ」ともいわれるものです。桝《ます》井《い》伊《い》三郎《さぶろう》さんだけが、教祖から渡されました。

このおさづけの取り次ぎは、かぐらづとめの地歌の第二節「ちよとはなし」の手振りの後、「あしきはらひたすけたまへ　いちれつすうますかんろだい」と三遍唱え、三遍撫でる。これを三回繰り返すのは、「あしきはらいのさづけ」と同じ取り次ぎ方になります。なお、「あしきはらひたすけたまへ　いちれつすうますかんろだい」は、明治十五年のかんろだいの石の取り払い後は、「あしきをはろふてたすけせきこむ　いちれつすましてかんろうだい」へと変更になります（前掲書181～185ページ参照）。

このおさづけは、飯降伊蔵先生が明治二十年三月二十五日に本席になられて、その翌日の真夜中、初めて西浦弥平《にしうらやへい》さんに渡されています。伊蔵先生は、本席になられる前の十日余り、病名の分からない不思議な熱病で苦しまれ、そのことを聞かれた西浦弥平さんは、毎夜お屋敷に来ては、かんろだいに伊蔵先生の身上平癒《へいゆ》の願いをしておられました。その真実が、このおさづけを頂くもとになっていると思われます（同191～194ページ参照）。

以上、四つのおさづけのほかに、本席様を通じて渡されたおさづけに「水のさづけ」

があります。これは、水のさづけを頂かれた方が、湯飲みなりに入れた水を先に三口飲んで、あとを病人に飲ますというもので、「この水というは、人間元初まりの時、三尺まで水中住居《ずまい》、この清水《せえすい》を与える理。又三口飲むは、三日三夜《みっかみよさ》に宿し込みた、この理によって与える」（明治20・5・6）と教えられています（同194～196ページ参照）。

ぢば定め

かくて、明治八年六月、かんろだいのぢば定めが行われた。

教祖は、前日に、

「明日《あす》は二十六日やから、屋敷の内を綺麗《きれい》に掃除して置くように」

と、仰せられ、このお言葉を頂いた人々は、特に入念に掃除して置いた。

教祖は、先《ま》ず自ら庭の中を歩まれ、足がぴたりと地面にひっついて前へも横へも動かなくなった地点に標《しるし》を付けられた。

（『稿本天理教教祖伝』128ページ）

明治八年（一八七五年）に初めて「かんろだい」を据える場所が明示されることになりますが、教祖はそれ以前にも「ぢば」を暗示するお言葉を述べておられます。

嘉永六年（一八五三年）、母屋《おもや》取り毀《こぼ》ちのときに、教祖は「これから、世界のふしんに掛《かか》る。祝《いお》うて下され」と言われましたが、母屋のなかの北西にある座敷の下に「ぢば」があり、母屋の取り毀ちによって「ぢば定め」ができ、世界のふしんをするためのおつとめができるようになることが予見されていたと思われます。

元治元年（一八六四年）、教祖は、妻の産後の煩《わずら》いをたすけられたお礼に、お社《やしろ》の献納を申し出られた飯降伊蔵先生に、「社はいらぬ」「一坪四方のもの建てるのやで、一坪四方のもの建家《たちや》ではない」と仰せられています。「建家」とは人間の住む家と考えますと、「一坪四方」とは神の鎮まる場所で、「ぢば」のことと考えられないでしょうか。

現在据えられている「かんろだい」の真上には一間四方の天窓があり、「かんろだい」を中心にして約一間四方は花崗岩《かこうがん》の延石《えんせき》により四角に区切られ、そのなかには那智黒《なちぐろ》の黒石が敷きつめられ、その外側には白い小石が敷きつめられています。「一坪四方」とのお言葉によって、「ぢば」「かんろだい」、つとめが暗示されていると考えられます。

明治六年、教祖は飯降伊蔵先生に、かんろだいの雛型《ひながた》の製作を命じられています。現在の十三段のかんろだいではなく、高さ約六尺、直径《さしわたし》約三寸の六角の棒の上下に、直径約一尺二寸、厚さ約三寸の六角の板のついたもので、しばらく倉に納められますが、明治八年、ぢば定めの後、こかん様の身上お願いづとめに当たって「ぢば」に据えられ、以後、礼拝の目標《めどう》とされます。しかし、「元初まりの話」等によって「ぢば」の意味が詳細に教えられるようになるのは、明治十四年以後のことです。

では、「ぢば」とは、どのような場所でしょうか。

おふでさきによりますと、「このよふのほん元」（八号25）、「いさなきい、といざなみのみのうちよりのほんまんなか」（十七号6）、「にほんのこきよ」（十七号8）、つまり種《たね》（いざなぎ）と苗代（いざなみ）によって最初の宿し込みがなされた元の一点であり、人間をはじめとする、生命あるすべてのものの故郷であると教えられます。

「みのうちよりのほんまんなか」については、「夫《それ》ヨリかんろふ《う》台の処《ところ》が、魚ト巳《み》ト体《からだ》のしん。つとめ場所の処が、かしらとなり」（『根のある花・山田伊八郎』63ページ）という神様の仰せがあります。つとめ場所の南の少しはなれた所に「ぢば」があり、つとめ場所に頭をおき、北枕に西向きに寝て、「ぢば」を体の芯《しん》（「へそ」という説もあります）にして宿し込みをされた。魚は「くぢら（鯨）」（前掲書、同ページ）のように大きな魚と説明されていますが、これは親神様の、目に見えない広大無辺で複雑極まりない働きを、当時の人々に具体的なイメージで分かりやすく説明されたものと思われます。

ここで注意しなければならないことは、夫婦の雛型、生命の生みの父親と母親は、いざなぎのみこと、いざなみのみことですが、厳密に言いますと、

「うを」（岐魚）に「しやち」（月よみのみこと）を仕込み、月様（くにとこたちのみこと）が入り込まれて男雛型・種

「み」（白ぐつな）に「かめ」（くにさづちのみこと）を仕込み、日様（をもたりのみこと）が入り込まれて女雛型・苗代

として、それぞれのお働きをされる点であります。このような夫婦によって、三日三夜《みっかみよさ》に九億九万九千九百九十九人の子数の宿し込みがなされることになります。

また、「ぢば」は、あくまでも宿し込みの場所であり、三年三月留まってのちに、産みおろしは別の場所にて、七十五日かかってなされます。

それから親神様による、気の遠くなるような年数にわたる並大抵でないご苦労によっ

て人間が誕生することになりますが、「ぢば」は、このような意味において聖地という
ことができます。

ところで、「ぢば」は「天理王命の神名を授けられたところ」（『天理教教典』43ページ）
とも教えられますが、これは何を意味するのでしょうか。
「ぢば」において天理王命が鎮まりたまうということは、親神・天理王命の働きが「ぢ
ば」に限定されるという意味ではなく、

たん／＼となに事にてもこのよふわ
神のからだやしやんしてみよ　三　40・135

から分かりますように、親神様のお働きは世界の隅々にまで及んでいます。ですから、
「ぢば」とは人間の単なる故郷であるだけではなく、現在の人間の生命の根源であり、
その理を受けて、たすけの与えられる場所でもあり、この点において、他宗の聖地、霊
地との根本的な相違があります。
「ぢば」が現在の人間の生命の根源であることを、さらに詳しく考えますと、人間の創

造とは太古の話ではなく、いま現在においても行われているということです。諸《もろ》井《い》慶徳《よしのり》氏は次のように説明されています。

「この持続すなわち一見保存に外ならぬかのごとく思われるものも、実は神の不断の創造により、連続的生産によって行なわれるものでこそなければならない」

（「教義学概論」『諸井慶徳著作集　第六巻』94ページ）

難解な表現になっていますが、一切のものがいま存在している、存在を許されているのは、「神の不断の創造」によってであり、「元の理」で説かれている、一見過去の物語のように思われる親神様のお働きが、いま、ここにおいても連続して及んでいるということです。親神様は時間を超えながらも、時間のなかで、時間とともに働かれていますが、その働きの様式が、かぐらづとめによって示されているわけであります。

ぢばに一つの理があればこそ、世界は治まる。ぢばがありて、世界治まる。

（明治21・7・2）

いま世界において希求されている真の平和は、「ぢば」の理によってしか実現しないということを、決して忘れてはいけません。

応法の問題

恰《あたか》もその頃《ころ》、乙木《おとぎ》村の山本吉次郎《やまもときちじろう》から、同村山中忠三郎《やまなかちゅうざぶろう》の伝手《つて》を得て、金剛山地福寺《こんごうざんじふくじ》へ願い出ては、との話があった。これに対して、教祖は、「そんな事すれば、親神は退く」と、仰せられて、とても思召《おぼしめし》に適《かな》いそうにも思えなかったが、秀司は、教祖に対する留置投獄という勿体《もったい》なさに比べると、たとい我が身はどうなっても、教祖の身の安全と人々の無事とを図らねば、と思い立ち、わしは行く。とて、一命を賭《と》して出掛けた。

（『稿本天理教教祖伝』148ページ）

教祖の五十年のひながたにおける応法《おうぼう》については、秀司先生の場合と、明治十四年

（一八八一年）以降の教会公認運動に分けて考えられますが、まず秀司先生に関する応法を考えてみます。

秀司先生について見てみますと、一見すると両立しないような、教祖に対する二つの態度が見られます。どこまでも教祖の仰せに素直に従われる面と、思召に背いてまでも貫徹しようとされる姿勢であります。前者については問題はありませんので、後者について検討してみたいと思います。

慶応二年（一八六六年）の秋、小泉村《こいずみ》（現大和郡山市）不動院の山伏たちがお屋敷に乱入し、乱暴狼藉《ろうぜき》をはたらくという事件があります。同じ日に山中忠七宅へも乗り込んで、乱暴を加え、その足で古市《ふるいち》代官所を訪ね、公許なしに信仰活動をしているとして、お屋敷を訴え出るに至ります。代官所での事情聴取では不都合な点は少しもなく、公許を受けていない点だけが問題となったため、秀司先生は、当時、神道界に絶大な権威を保っていた京都にある吉田神祇管領《よしだじんぎかんりょう》に出願し、七日間かかって慶応三年七月二十三日付で認可を得られます。

しかし、これは本教の公認というものではなく、単に神道の行事を農民の身分のまま行うことができるという許可にすぎません。教祖はこれに対して、「吉田家も偉いようなれども、一の枝の如《ごと》きものや。枯れる時ある」と仰せになって、反対されています。三年後の明治三年、吉田神祇管領は廃止され、認可は無効になってしまいます。教祖は、この慶応二年から明治三年までの間に、みかぐらうたを第一節、十二下り、第二節、よろづよ八首と、順次教えられています。

明治八年、自由民権運動の高まりのなか、許可のない集会活動などに対する官憲の目が厳しくなり、翌九年には個人の邸宅内に神仏を祀《まつ》り、他人を参拝させてはならないという法律が出されます。

人々のお屋敷への参拝もままならないようになってきたので、秀司先生は、大勢の人が寄り集まる口実として、表向き蒸風呂《むしぶろ》と宿屋を営むこととし、堺県へその鑑札を受けに行かれ、明治九年春の初めごろ許可を得られます。これに対して教祖は、「親神が途中で退く」と厳しくお止めになっています。この蒸風呂と宿屋は、秀司先生のお出直し後、明治十五年に廃業することになります。廃業について、教祖は「親神が、むさくろしいて〳〵ならんから取り払わした」と仰せられています。

明治十三年、教祖はおつとめの完修を急《せ》き込まれるようになりますが、政府から集会条例が出され、官憲の監視が一段と厳しくなってきます。

そこで秀司先生は、元々は修験道《しゅげんどう》系で明治になって真言宗に所属するようになった、公認宗派の金剛山地福寺の配下となる決意をし、自ら願い出て、九月二十二日に転輪王《てんりんおう》講社《こうしゃ》の開筵式《かいえんしき》を行われます（地福寺とのつながりは、明治十五年十二月十四日付で切れてしまいます）。

この件に関して、秀司先生が、自分が戸主である中山家の安泰を図るために応法の道を選ばれたというような見方をする人がありますが、これは、あくまでも政府の弾圧から教祖の御身を守ろうとされる一時的な窮余の策であると悟れます。この応法の行為に対して、教祖から「そんな事すれば、親神は退く」と厳しく仰せられます。また教祖は、開筵式の八日後の九月三十日（陰暦八月二十六日）、初めて三曲を含む鳴物をそろえてのおつとめを、おそらく応法を雲散霧消させるべく敢行しておられます。このような教祖からの反対のなか、あえて秀司先生が応法に踏みきられたのも、神一条に沿わない単なる人間思案のゆえではなく、中山家の戸主として、誰《だれ》よりも母親である教祖の御身の安全と、人々の無事を願われ、たとえわが身はどうなってもと、命をかけての強いご決意からであったと思われます。

このように考えますと、秀司先生の教祖に対する、一見対立するような態度も、あくまでも親である教祖を思う心から発せられたものと悟れます。

ところで秀司先生は、転輪王講社の開筵式を終えて間もなく、その年の暮れから身上がすぐれなくなり、翌十四年四月八日、六十一歳で出直されます。教祖は秀司先生の額を撫《な》でて、「可愛相《かわいそう》に、早く帰っておいで」と、長年の労苦をねぎらわれ、秀司先生に代わって、「私は、何処《どこ》へも行きません。魂は親に抱かれて居るで。古着を脱ぎ捨てたまでやで」と仰せられます。このお出直しは、どのように受け取れるのでしょうか。

秀司先生は、教祖の言われる神一条のお言葉に何度も背いたゆえに出直されたと、一見思われます。「親神は退く」を出直すことと受け取ると、そのように解釈できます。

しかしながら、おふでさきに、

みのうちにとこにふそくのないものに
月日いがめてくろふかけたで　十二 118

と教示されています。この意味は、『おふでさき註釈』に「秀司先生は、もともと身体に何処《どこ》も故障が無いのに、旬刻限が来て親神様がこの世に天降《あまくだ》られる機縁の一つとして、わざわざ秀司先生の足に患いをつけられた。この身上がたすけ一条のための試しであり、親神様の御意図に基《もと》づくものである」と説明されています。また、

いまゝでも神のゆう事きかんから
ぜひなくをもてあらハしたなり　一 26

の註として、同書に「……以下、秀司先生に対する親神様の厳しいお諭しは、秀司先生個人に対する御意見と考えず、それを雛形《ひながた》にして、総《すべ》ての人々に教戒せられたものと解しなければならない」と説明されています。

秀司先生ついて、こふき話（和歌体十四年本・山澤本）に、

「32、つきよみハしやちほこなりこれなるハ　にんげん《人間》ほね《骨》のしゆごふ《守護》のかみ《神》
33、このかみ《此神》ハとふねん《当年》巳の六十と　い《一》、才にてぞあらハれ《現》ござる《御座》」

（『こふきの研究』61ページ）

と示されますように、人間創造の元初まりにおける月よみのみことの御魂のお方といわれています。ということは、秀司先生のお出直しも、神の思いに沿わないほこりやいんねんによるものではなく、お出直しに至るまでの応法の道を含む通り方も、親神様・教祖が神一条やたすけ一条を私たちに教えるために試された、お仕込みやたすけの台という意味をもつと悟れます。

教祖は、神一条・つとめ一条をより際立たせるために、秀司先生の応法の道を一時的に黙認されていますが、親神様の思いを、その後すぐに実現していくようになされています。明治二十年二月十八日（陰暦正月二十六日）の「さあ〱一つの処《ところ》、律が、律が怖《こ》わいか、神が怖わいか、律が怖わいか」とのお言葉も、親神様が、法律という人為のものに怯《おび》える信仰と、親神様にもたれきる信仰の選択を厳しく迫られているものと悟れます。

次に、明治十四年以降の教会公認運動について、簡単に紹介しておきます。

明治十四年十二月、梅谷四郎兵衛が大阪阿弥陀池《あみだいけ》の和光寺《わこうじ》へ教会公認の手続書提出。

明治十七年五月、梅谷四郎兵衛を社長に心学道話講究所天輪王社を開設。

同年九月、竹内未誉至《たけうちみよし》らによる大日本天輪教会設立計画。

明治十八年四月二十九日、天理教会結収御願を大阪府知事に提出、六月十八日却下。

同年五月、眞之亮《しんのすけ》以下十名に神道本局より教導職補命、神道直轄六等教会設置許可。

同年七月三日、神道天理教会設立御願を大阪府知事に提出、十月二十八日却下。

明治十九年五月二十八日、五カ条の請書《うけしょ》提出（内容は『稿本天理教教祖伝』301ページに掲載）。


なお、教祖が現身《うつしみ》をかくされる前日のおさしづに、「世界の事情運ばして貰《もら》い度《と》う御《ご》座《ざ》ります」との願いに対して「ならん〳〵」と答えておられます。『稿本天理教教祖伝』では、「世界の事情」とは教会設置のことであり、「取り違えてはならん、もっと迫って居る。と、お知らせ頂いた」（326ページ）と記されています。教会設置は、あくまでも応法であり、神一条を見失いやすくなることを心配されてか、きっぱりと否認しておられるように悟れます。

立教百七十一年春季大祭の神殿講話で、真柱様は次のように述べられています。

「いまの日本では、なんの懸念もなく、おつとめを勤めることができます。しかし、神一条と人間思案の葛藤《かっとう》は、いろいろなところで現れてくると言えるでしょう。法的な制約はなくとも、あれがあるから難しい、これがあるから仕方がないと、目先の対応にばかり心を奪われていると、ついには根本を見失い、本来の姿から大きく逸脱してしまうことにもなりかねません。これは、お互い心しなければならないことであります」

（『みちのとも』平成20年3月号、10ページ）

応法の問題は、教祖ご在世中の秀司先生や先輩先生方にとっての問題、つまり過去のことではなく、いまの私たちにとっての喫緊の問題であり、存命の教祖から日々の生き方において、さまざまな節に出合ったときに返答を求められている問題でもあると受け取るべきではないでしょうか。

『稿本天理教教祖伝逸話篇』一二三「人がめどか」のなかで、教祖は梅谷四郎兵衛さんに対して「人がめどか、神がめどか。神さんめどやで」と優しくお諭しくだされています。

　四郎兵衛さんは入信間もないころ、教祖から「やさしい心になりなされや。人を救《たす》けなされや。癖《くせ》、性分《しょうぶん》を取りなされや」とのお言葉を頂かれ、明治十六年、普請中の御休息所の壁塗りひのきしんをするようになられます。そして「大阪の食い詰め左官が、大和《やまと》三界《がい》まで仕事に来て」という陰口を耳にして、生来の気短さから激昂《げっこう》し、教祖に黙って大阪へ帰ろうとしたときにお仕込みいただかれたのが、「神さんめどやで」というお言葉であったわけです。

　このお仕込みは、私たちに対するお仕込みとも悟れます。

「人間の義理を病んで神の道を潰《つぶ》すは、道であろうまい。人間の理を立てていでも、神の理を立てるは道であろう」　（『稿本天理教教祖伝逸話篇』七四「神の理を立てる」）

　人間の義理を病んで、神一条の理を欠いてはどうもならん。　（明治23・4・27）

「人間の義理を病んで」とは「人がめど」の信仰で、「神一条の理」とは言うまでもな

く「神がめど」の信仰と悟れます。また、

親に光を出すは、神の理やで。神の理外れたら、道とは言えん。（明治32・2・21）

とも教示されています。

「親に光を出す」とは、理の親には不足をせず、「神の理」を立てて、どんなかも理の親に沿っていく（これは決して「人がめど」で相手の機嫌をとる、顔色を窺《うかが》うというようなことではありません）ということであると悟れます。

「理の親」については、おさしづにただ一度だけ出てきます。

道順序の理。道の親、理の親、これ心にちんと治めてくれ。（明治32・8・28 補遺）

「理の親」とは本来、教祖のことで、教会長は「道の親」と悟れます。「理」とは神の働き、働きの筋道、理法などの意味をもつもので、軽々に人間に使用すべきではないとも思われます。「理の親」を人に当てはめるところに、理の親子関係の諸問題が出てくる一つの要因があるのかもしれません。

親が怒って子供はどうして育つ。皆、をやの代《かわ》りをするのや。満足さして連れて通

るが親の役や。（明治21・7・7）

と教示されています。「理の親」でありをやである教祖の代わりをするのが「道の親」、つまり会長であることを示唆していると悟れます。また、

会長という、会長ありて下《しも》、下ありて会長、俺《おれ》という我《が》という理は添わんによって、この順序から治めるなら、皆《み》んな治まるで。（明治31・10・26）

とも教えられています。

会長とは、あくまでも信者あっての会長であり、信者の承認、協力、力添えに支えられて初めて、その役割や職責（親心をもって、どんな信者であっても成人できるように丹精する、また共々に不思議なたすけを手段にして「めづらしたすけ」に向かって力を合わせることなど）を全うすることができる。また信者は、会長あっての信者であって、会長を陽気ぐらしへと導いてくれる道の親と受け取り、その指示に素直に従い、成人に向かってたすけの御用を通して努力することを教えられているように悟れます。

かんろだい

この年（明治十四年）五月五日、瀧本《たきもと》村の山で石見《いしみ》が行われ、つゞいて五月上旬から、大勢の信者のひのきしんで、石出しが始まり、五月十四日には、大阪からも、明心《めいしん》組、眞明《しんめい》組等《など》の人達が、これに参加するなど、賑《にぎ》やかな事であった。

（『稿本天理教教祖伝』153ページ）

明治十四年（一八八一年）に二段まで出来た石造りのかんろだいは、翌年五月十二日、官憲によって没収されることになります。

まず、かんろだいの変遷について見てみましょう。

めつらしいこのよはじめのかんろたい

これがにほんのをさまりとなる　二　39

おふでさき第二号は明治二年に書かれますが、ここに初めて「かんろだい」の文字が見られます。明治二年にはまだ製作されていませんし、据えるべき場所である「ぢば」も明らかにされていません。

しかしこの時点で、否、もっと以前から、すでに「かんろだい」を芯《しん》とする、世界たすけのためのつとめの具体的な構想があったわけです。

明治六年、教祖は、のちの本席・飯降伊蔵先生に、かんろだいの雛型《ひながた》の製作を命じられます。この雛型かんろだいは明治八年、こかん様の身上のお願いづとめに当たり、初めて「ぢば」に据えられ、明治十四年ごろまで礼拝の目標《めどう》とされます。ただし「単に竹柵を立ててあつたと云《い》う説」（『続ひとことはなし　その二』181ページ）もあり、確認する資料は発見されていないようです。

明治十五年五月十二日、前年秋に二段まで完成した石造りのかんろだいは、官憲によって没収されますが、この節は「子供である一列人間の心の成人が、余りにも鈍く、その胸に、余りにもほこりが積もって居るから」（『稿本天理教教祖伝』238ページ）、起こるべくして起こった節と考えられています。

明治十五年のかんろだい没収以後、直径三、四寸の小石が、高さ一尺ぐらい積み重ねられ、「人々は、綺麗《きれい》に洗い浄《きよ》めた小石を持って来ては、積んである石の一つを頂いて戻り、痛む所、悩む所をさすって、数々の珍《めず》らしい守護を頂いた」（同239ページ）といわれています。

明治二十一年以後、板張りの台が二段重ねられ、かんろだいの代わりとして使われていたようです。

そして昭和九年十月十五日、教祖五十年祭（昭和十一年）と立教百年祭（同十二年）の〝両年祭〟を目指して造営された昭和普請において、教祖のお教え通りの寸法の木造かんろだいが初めて「ぢば」に据えられ、その標識となります。木造ゆえに、雛型かんろだいと称せられています。

では、このかんろだいは一体、何を意味するのでしょうか。

かんろだいは「ぢば」の標識であるとともに、かんろ（甘露）を受ける台ともいわれています。

『天理教教典』には、「人間宿し込みの元なるぢばに、その証拠としてすえる台で、人間の創造と、その成人の理とを現して形造り、人間世界の本元と、その窮《きわま》りない発展とを意味する」（17ページ）と説明されています。

また、おさしづでは「かんろうだいというは、何処《どこ》にも無い、一つのもの。所地所何処《ところちしょどこ》へも動かす事は出来ないで」（明治24・2・20）といわれ、「ぢば」をはなれては理のないもの、と教えられています。

おふでさきでは、「にほんのをさまりとなる」（二号39）、「にほんの一のたから」（十七号3）、「にいほんのをや」（十号22）、「にいほんのしんのはしら」（八号85）などと説かれています。

かんろだいは十三段、高さ八尺二寸の台で、各台に径三寸深さ五分のほぞが、上から下へはまるようになっていますが、その形状の理合いについて、諸井慶一郎氏は次のような悟りを紹介されています。

まず、各台とも正六角形なのは、「六台初まりの理、即《すなわ》ち元初《はじま》りの六柱のお働きの理」「身の内六台、即ち身の内の六柱のご守護の理」「元の神・実の神という理」。

最下段は「径《さしわたし》三尺は三日三夜《みっかみよさ》の宿し込みの理、即ち、元初まりに親神様がご苦労をくだされた、その伏せ込みの理」「厚さ八寸は八方の神様のお働きの理」。

第二段は「径二尺四寸は、四寸に成人した時、ニッコリ笑《わろ》うて身を隠されたいざなみのみこと、即ち、教祖の理」「厚さ八寸は、八方の神様のお働きの理」「教祖が立教以来、道のため御苦労くだされた、伏せ込みの理」。

最上段は「径二尺四寸は教祖の理」「厚さ六寸、これは身の内六台のお働きが揃《そろ》って禄という、そこで七ッなんにもいうことないと切ってくださる。かように徳の理合い」「存命の教祖のお徳の理」。

三段から十二段までの十段は「径一尺二寸は教祖の理の半分、即ち道の子の理で、しかも、をもたりのみこと様の頭十二の理、即ち、日々月々年々のつくしはこびの伏せ込みの理」「厚さ六寸は身の内六台揃うて禄という、徳のすがた」「十段六尺は、五体満足な五尺の人間に徳がついて、心の内造りのできた、ろっくの人間に成人した徳の姿」「道の子が親神様・教祖の御苦労の伏せ込みをうけて、道につくしはこぶこうのうの理、つまり徳の姿で、十分その徳を積み重ねるという理」と解されています。

そして、「（三段から十二段までは）これは積み立てるかんろだいであり、明治十四年の時点では、まだ伏せ込みの理がなかったから、二段までしか出来なかったのでありま す。そしてその時からつくられはじめて今日に至っているのであります」と、また「真柱様の一代は、お寄せ頂く道の子一同の伏せ込みの一代、一台である」とも解されています（以上、『天理教教理大要』68〜75ページ参照）。

このように考えますと、かんろだいとは、まさに本教の救済のシンボルともいえるもので、親神様の昔も今も永遠に変わらない十全のご守護、教祖の五十年の伏せ込みと存命の守護に、私たちの先達の伏せ込み、そして私たちのこれからの伏せ込みによって、救済（不思議なたすけにとどまらない、究極の、病まず死なず弱らずの「めづらしたすけ」）に浴することができることを教える台であると悟れるでしょう。

このたいがみなそろいさいしたならば
どんな事をがかなハんでなし
十七　10

この台を囲んで勤められるかぐらづとめ、その理を受けて勤められる教会でのおつとめによって、どんな事でも叶《かな》えられる、と確約されているわけであります。

最後の御苦労

この冬は、三十年来の寒さであったというのに、八十九歳の高齢の御身を以《もっ》て、冷《つめた》い板の間で、明るく暖かい月日の心一条《ひとすじ》に、勇んで御苦労下された。思うも涙、語るも涙の種ながら、憂世《うきよ》と言うて居るこの世が、本来の陽気ぐらしの世界へ立ち直る道を教えようとて、親なればこそ通られた、勿体《もったい》なくも又有難《またありがた》いひながたの足跡である。

（『稿本天理教教祖伝』291ページ）

教祖は、明治十九年（一八八六年）二月十八日から三月一日までの十二日間、櫟本《いちのもと》分署にて最後の御苦労をなされます。

拘留の理由は、心勇《しんゆう》組（敷島《しきしま》大教会の前身）の講中が門前の村田長平《むらたちょうべい》方の二階で、てをどりをしたためとされていますが、それは契機でありまして、直接的には「御守《おまもり》の中に入れる文字記してある『キレ』出《い》でしより、其品《その》を証拠として教祖様及び眞之亮を引致したり。桝井と仲田ハ屋敷に居りし故引致せらる」（『ひとことはなし』233ページ）という記述から分かりますように、「お守り」の交付の責任の所在にかかわるものです。

明治十七年八月十八日から十二日間の御苦労の拘引理由と同じで、「違警罪第一条第九項」の違反であります。「神官僧侶ニアラズシテ他人ノ為ニ加持祈祷《かじきとう》ヲナシ、又ハ守《まもり》札《ふだ》ノ類ヲ配授シタル者」に当たると見なされたわけです。違警罪とは旧刑法（明治十五年施行）では重罪、軽罪の下の一番軽いもので、拘留・科料に処せられるものです。

明治十九年ごろは軍国主義が大いに宣伝されていたので、その時代に世界一れつきょうだい、たすけ合いなどと説く人間は、政治犯と見なされたり、重罪人と見なされたと考える人があるかもしれませんが、決してそうではありません。

大日本帝国憲法の制定は明治二十二年で、それまでは明治政府の宗教政策は二転三転していて、各宗教は自主的な教化活動を行うことが認められていたようです。

本教への本格的な弾圧が始まるのは明治二十九年、教祖十年祭が執行された翌月に

「内務省訓令甲第十二号」が発令されて以降のことです。「神聖にして不可侵」という天皇の立場は、大日本帝国憲法以降のことで、それまでは時の政府も「不敬罪」を振り回すことはできませんでした。

明治四十三年（教祖が現身《うつしみ》を持って働かれていれば百十三歳の年）に「大逆事件」が起こります。これは、社会主義者の幸徳秋水《こうとくしゅうすい》をはじめとする十二名が天皇暗殺未遂の疑いをかけられ、天皇の名のもとに処刑される事件です。このときは「大逆罪」が適用されます。この事件は、のちに検事の手による冤罪《えんざい》であることが証明されますが、このころには社会主義のイデオロギーを少し主張するだけで不敬と見なされ、逮捕されたり処刑されるというようなことが起こっていましたが、明治十九年の時点では、このようなことは全く考えられませんでした。

しかし問題は、違警罪の教祖が官憲から拷問を受けたか否かで、肯定と否定の両方の見方があります。辻忠作さんは次のように記されています。

「其時《その》さし入《いれ》にゆき居るに巡査が教祖様を無暗《むやみ》に打ちよふちやくすること甚《はなは》だ敷誡《しく》に見

るも涙の種思ふもかしこきことにぞある後三月中ごろから中田儀三郎煩《わずら》ひとなり五月末に死去なりました」

（「ひながた」『復元』第31号、40ページ）

仲田儀三郎さん（当時56歳）の死去が、改宗を迫る折檻《せっかん》によるものかどうかは分かりません。しかし、教祖への打擲《ちょうちゃく》については事実かどうか疑わしく、忠作さんが差し入れに行かれて（これも不確実）、そのような現場を見ることなど考えられません。分署に入ることすら自由にできず、分署のなかの様子は、昼夜の別なく教祖のお側《そば》に仕えておられた孫の梶本ひさ様に差し入れられた弁当箱の、タブレットのなかに秘められた通信文を通してしか知ることができなかったようです。また、ひさ様の書き残されたもののなかには、忠作さんの名前は全く見当たりません。

ひさ様は、教祖が井戸水を浴びせられたという風説を聞くたびに「『さうぢやない〳〵、老母様《おばあさま》には一寸《ちょっと》だつて水なんかかけさゝなかつた』と宛然《さながら》自分が咎《とが》められてゐるかの様に力説いたされました」（『ひとことはなし』246ページ）とも記されています。

教祖には、ひさ様が付き添われますが、付き添いを許され、夜具類は何一つ与えられないなか、座布団を二枚持ち込められたのも、「（ひさ様の）其真《そのまこと》の心ニ署長初《はじめ》ぢゆんさ《巡査》

もみな〳〵かんじて、おひさ様のゆふ事ハみな〳〵ゆるしてくれたる事であり升《ます》」（『静かなる炎の人・梅谷四郎兵衛』122ページ）と記されていますように、警察側に教祖のご健康を気づかう配慮があったためと考えられます。

ところで、打擲説の認否にかかわらず、教祖は三十年来の寒さのなか、お寝《やす》みのときは上に着ておられる黒の綿入れを脱いでそれをかぶり、自分の履物にひさ様の帯を巻きつけ、これを枕として寝まれ、食事は、分署から支給されるものは何一つ召し上がらず、飲みものは、梶本家から鉄瓶《てつびん》に入れて運んだ白湯《さゆ》のみをお飲みになっていたためか、分署から帰られてから連日、お寝みになっていることが多かったようです。

「耳は聞こえず、目はとんと見えず、という状態であった」（『根のある花・山田伊八郎』81ページ）と記されていますが、これをどのように受け取ればいいのでしょうか。

『稿本天理教教祖伝』に、教祖の御苦労については「親神が連れて行くのや」「皆、親神のする事や」「とめに来るのは、埋《おぼ》りた宝を掘りに来るのや」（290ページ）と記されています。ということは、教祖の御身が不自由になられたのも、親神様のなされたこととなります。

十一に九がなくなりてしんわすれ
正月廿六日をまつ　三　73

このお歌は、明治二十年に教祖が現身をかくされるご予言であると説明されています。おふでさき第三号は明治七年一月より書かれたもので、その年十月の大和神社での祭神問答をきっかけにして、十二月に山村御殿への御苦労が始まります。そして十二月二十六日、四名の者に身上だすけのさづけが渡されます。おさづけは「存命の理」に基づくことを考えますと、教祖は現身を持たれたままで、身体的制約のため不十分ではありますが、「存命の理」としてのお働きを、具体的な目に見える形で示し始められたと悟れるのではないでしょうか。

したがって、分署から帰られて十二日目の三月十二日のお言葉、「どこい働きに行くやら知れん。それに、起きてるというと、その働きの邪魔になる。ひとり目開《あ》くまで寝ていよう。何も、弱りたかとも、力落ちたかとも、必ず思うな」（『稿本天理教教祖伝逸話篇』一八五「どこい働きに」）の「その働き」とは、「存命の理」としてのお働きで、現身を持たれていることによって、制約されない自由なお働きができないと考えることができます。

また、分署からお帰りになった三月一日は陰暦正月二十六日で、それからちょうど一年後に、教祖は「やしろの扉」を開いて現身をかくされますが、その一年間に、おつとめの急《せ》き込みとともに、「存命の理」の信仰を確立するための、教祖のさらなる御苦労が続けられることになる、と悟らせていただけるのではないでしょうか。

最後の御苦労を通して教えられることは、私たち子供の成人の鈍さゆえに、教祖のその御苦労が、百十五歳の定命《じょうみょう》を二十五年縮めて現身をかくされる遠因となったことへのお詫《わ》びと、たすけ一条の根拠である「ぢば」を中心とする神一条の信仰、「存命の理」への信仰、「元の理」によって教えられる生命の根源への思慕、つとめ一条の信仰を、あらためて問い直すことであり、それによって真のたすけ一条の心定めができるのではないかと思われます。

教祖のご遺骸

「身はかくすが、たましひは此《こ》の屋敷に留《とど》まつて生前同様、万《よろず》助けをする。此の身体《からだ》は丁度《ちょうど》身につけてある衣服の様なもの、古くなつたから脱ぎすてたまでの事、捨てた衣服には何の理もないのだから、何処《どこ》へすて、もよい」

（『ひとことはなし　その二』73ページ）

教祖は明治二十年陰暦正月二十六日に現身《うつしみ》をかくされますが、早速、ご遺骸をどこに埋葬するかの問題が出てきます。

『ひとことはなし　その二』の「御葬式前後」の章（66～93ページ）に詳しく記されていますので、紹介します。

埋葬地について甲論乙駁《こうろんおつばく》となりますが、代表的なものを挙げますと、

一、教祖の御魂とお屋敷とは離すことのできないいんねんにあるので、お屋敷にお埋めする。
二、法律では墓地以外の土地での埋葬は禁じられているので、どこか適当な場所に新墓地を設ける。
三、新墓地を願い出てもすぐには許可されないだろうし、許可のおりるまでご遺骸をお屋敷に安置することもできない。そこでまず頭光寺《ずこうじ》の中山家の墓地へ一旦埋葬し、新墓地の許可があり次第、ご改葬する。
四、ご遺骸を三島村から持ち出すのは村の名誉にかけて不都合である。他村（頭光寺は三島村でない）にお墓ができると三島村は潤わないので、火葬にしてご遺骨を三島村におくようにしてほしい。
等で、四は「天下一人ノ我《わが》恩人、老母ヲ火葬ノ如《ごと》キ酷葬《こくそう》ニ致シ難《がた》シ」との初代真柱様のご意志により一蹴《いっしゅう》されます。
一、二、三の意見は一つにまとまりませんので、おさしづを伺いますと、冒頭の引用文のような意味のご指示があります。

公刊されているおさしづには、この日（陰暦正月二十八日）のおさしづは載せられておらず、引用文は橋本清さんの『天理教来歴記事』を典拠としていて、「何処《どこ》へすてゝもよい」は、原文では「埋葬ノ地ノ如キハ何処ニテモ苦シカラズト」となっています。

これを「何処へすてゝもよい」という表現にするのは、ちょっと峻厳で、無礼であるように思われますが、結局このおさしづによって、「御遺骸は頭光寺の中山家の墓地にお埋めするのだ、お捨てするのだと云《い》ふ事に決定」ということになります。

中山家の墓地は、勾田《まがた》村の善福寺にありました。同寺は頭光山仏性院善福寺、略して頭光寺とも称されました。のちに明治二十五年十二月十三日、現在の豊田山の新墓地にご遺骸が改葬されることになります。

ご葬儀は、明治二十年二月二十三日（陰暦二月一日）に執行されます。その間のことについては、「廿《二十》六日教祖御帰幽《きゆう》より二月一日葬祭の当日迄《まで》六日間遺骸を棺に容《い》れ蓋《ふた》を放ち置きたるに毫末《ごうまつ》も臭気のなきのみか、御面色は生時に於《お》けるが如く、笑《えみ》を帯び安眠せらる有様《ありさま》なりし」と記されています。

冒頭に紹介しましたおさしづのポイントは、教祖は現身をかくされても、御魂は「ぢば」に留まってよろづたすけをされている、つまり存命であるということで、このことは、おさしづにおいても、

何もこれ古き処《とこ》、古きものを脱ぎ捨てたるだけのものや。どうしてくれ、こうしてくれる事も要らん。存命中の心は何処へも移らんさかい、存命中で治まりて居るわい。（明治24・2・22　五年祭の当日御墓参り致しましたもので御座いますや伺）

と明示されています。

教祖の場合、ご遺骸、墓地は「何の理もない」といわれていますが、これは何の価値もないということではなく、それらに執着せず、もっと大切な存命に目を向けなければならないことを教えられているわけです。

ところで、この存命は、教祖が現身を持たれているときにも使われますので、その意味は決して自明のことではありません。

にんけんをはじめたしたるこのをやハ
そんめゑでいるこれがまことや

八　37

このお歌の意味は、『おふでさき註釈』では「元無い人間無い世界をこしらえた親は、今現に教祖として生きて現れている。これが確かな事実である」、さらに「註」として、「本歌は、親神様が教祖様をやしろとして直き直《じ》きお現れ下さっている事を仰せ下されている」と説明されています。

教祖は「月日のやしろ」として、この世にお現れくださっていることが存命であるとしますと、「やしろ」とは教祖のお身体ということになるのでしょうか。

荒川善廣氏は、次のように説明されています。

「教祖の魂は、永遠の次元においては、親神があらゆる可能性をはらんでいる場所として機能し、また『はらむ』という働き自体が見いだされた場所としても機能しているが、現実の次元においては、親神がすべての現実存在を総合統一する場所として機能している。現実の世界、すなわちこの宇宙は、現実存在の集合体として成り立っているのであるから、すべての現実存在が総合統一される場所としての教祖の魂は、全宇宙的な広がりをもっているといえる」

（『「元の理」の探究』103ページ）

荒川氏は、「やしろ」とは教祖の魂で、お身体は「やしろの扉」に相当すると考えられ、存命はあくまでも魂においてであり、この世が滅びない限り、教祖は「月日のやしろ」であり続ける、と見なされています。

ということは、教祖は現身をかくされても、現身を持たれていても、この意味での存命であり、「存命の理」としての時空を超えるお働きを示し続けておられるといえるのではないでしょうか。

山本利雄氏は、教祖存命について次のように説明されています。

「教祖の魂は明治二十年以降も教祖殿に存命であるという、単なる魂の連続性のみに焦点があるのでは決してないのです。をやは教祖に存命であります。をやが教祖に存命の姿、それこそ教祖五十年のひながたの姿なのであります。だから私たち一人ひとりが、教祖のひながたの道を自分を捨て切って歩む時、をやは私たち個個一一に存命であり、教祖もまた私たち個個一一に存命なのであります」

（「出直しに関する悟り方」『あらきとうりょう』第99号、29ページ）

この存命解釈では、「月日のやしろ」としての教祖の独自性が見失われ、ひながたを実践する私たちと教祖が、原理的に同列になってしまうようにも思われます。

このように見てきますと、「存命の理」は現在の私たちにとっても理解が難しいものであります。存命の教祖は、私たちがその意味を問い直すことによって、少しでも早く真のたすけ一条の心になることを求められているのではないでしょうか。

にんけんハあざないものであるからに
月日する事しりたものなし　十二　23

このお歌は、親神様が日々具体的な姿で、この世・宇宙をからだとして、隅々にまで働いていること（『稿本天理教教祖伝逸話篇』一六四「可愛《かわい》い一杯」のなかの「神と言うて、どこに神が居ると思うやろ。この身の内離れて神はなし。又、内外《うちそと》の隔てなし」、同一八五「どこい働きに」の「この世界中に、何にても、神のせん事、構わん事は、更《さら》になし」に教示されています）を、私たちが知らない、感じもしないということと、また教祖がいまも「月日のやしろ」であり、存命であらせられる、そして具体的な形で働いておられるということを、私たちが分からない、否、分かろうとしないことを教えられているのかもしれません。

存命の理

影は見えぬけど、働きの理が見えてある。これは誰《だれ》の言葉と思うやない。二十年以前にかくれた者やで。なれど、日々《にちにち》働いて居る。案じる事要《い》らんで。勇んで掛かれば十分働く。

(明治40年5月17日)

あちらへ廻《まわ》り、日々の処《ところ》、三十日と言えば、五十日向《むこ》うの守護をして居る事を知らん。これ分からんような事ではどうもならん。

(明治22年11月7日)

このおさしづは、教祖存命の理を明示されたもので、「存命の理」とは、教祖が現身《うつしみ》をかくされた後も存命のまま元の屋敷に留《とど》まり、世界たすけのうえに日々お働きくだされていること、と説かれています。

したがって、教祖存命とは「たすけ一条の心定めをした人の心のなかに、教祖がいつもおられる」というような、単に主観的、感傷的なものではなく、

日々の道を見て思《し》やんしてくれねばならん。（明治23・3・17）

日々働いて居る。案じる事要《い》らんで。勇んで掛かれば十分働く。（明治40・5・17）

といわれますように、目に見える具体的、現実的なものであります。

そのお働きとは、証拠守り、御供《ごく》（「をびや許し」を含む）、おさづけの理を通して示されますが、忘れてはならないのが、このお言葉に教示されている「三十日と言えば、五十日向うの守護」、つまり「先回りの守護」ともいえるお働きであります。このお働きは、『稿本天理教教祖伝逸話篇』の次のような逸話にも拝察されます。

一六二「親が代わりに」

――教祖は、平素あまり外へは、お出ましにならなかったから、足がお疲れになるような事はないはずであるのに、時々、「足がねまる」とか、「しんどい」とか、仰せに

なる事があった。ところが、かよう仰せられた日は必ず、道の子供の誰彼が、意気揚々として帰って来るのが、常であった。……教祖は、親として、その身代わりをして、お疲れ下されたのである――

この逸話については、「身代わり」という言葉から、教祖が私たち人間の何代にもわたって積んできた心のほこりを、私たちに代わって払ってくださる、天借を肩代わりしてくださる、という見方もありますが、教祖がおぢばにおられながら、親を慕って帰ってくる子供の手を引いて共々に歩み苦しまれる、それによって子供の苦しみ、疲れが軽くなる、と解釈できるように思われます。

八八「危ないところを」

――明治十四年晩秋のこと。土佐卯之助《とさうのすけ》は、北海道奥尻島《おくしりとう》での海難を救《たす》けて頂いたお礼に、船が大阪の港に錨《いかり》を下ろしたその日、おぢばへ帰って来た。……先輩の話によると、「その日、教祖は、お居間の北向きの障子を開けられ、おつとめの扇を開いてお立ちになり、北の方に向かって、しばらく、『オーイ、オーイ』と、誰かをお招きになっていた。それで、不思議なこともあるものだ、と思っていたが、今の話を聞くと、成る程と合点が行った」とのことである。……教祖は、「危ないところを、連れて帰ったで」と、やさしい声でねぎらいのお言葉を下された――

この逸話も、「危ないところを、連れて帰ったで」との教祖のお言葉から分かりますように、教祖が先回りをされて、救いの手をさしのべられ、救助されたと解せられます。このお働きは、ご在世のときと同様に、現身をかくされてからはより広範囲に、たすけ一条のうえに及ぼされています。

にをいがけについて、次のようなおさしづが残されています。

> 多くの中に澄んで〳〵早く汲《く》みに来んかいなと、水を澄まして待って居る。これは千日の間に出来たのや。それ〳〵話、濁った水の所では、一夜の宿も取れようまい。澄まして居るからそれ出来る。わしがにをい掛けた、これは俺《おれ》が弘《ひろ》めたのや、と言う。これも一つの理なれど、待って居るから一つの理も伝わる。（明治25・6・4）

にをいが掛かるか掛からないかは、教祖の道具衆である私たちよふぼくの、立場や話の巧拙《こうせつ》、信仰の深浅《しんせん》、年限の長短によるのではなく、あくまで存命の教祖が先回りしてお待ちくださっているから、にをいが掛かるのであるということを忘れず、日々そのお働きを頂くべく、たすけ一条の旬の理の御用を、親の声を素直に受けてつとめさせていただくことが大切であります。

次に、「これまで子供にやりたいものもあった。なれども、ようやらなんだ。又々これから先だん〳〵に理が渡そう」(明治20・2・18)とのおさしづに示されます「子供にやりたいもの」、つまり「さづけ」について見てみましょう。

おさづけを通しての不思議なたすけこそ、存命の教祖の具体的なお働きでありますが、このおさづけの目的とは何でしょうか。身上だすけが目的でしょうか。

三代真柱様は、立教百五十四年春季大祭の神殿講話で、おさづけについて次のように説明しておられます。

「私は、おさづけの取り次ぎは、病だすけのみが目的ではないのであって、人間に親神様の御守護を教え、人々に御守護を御守護と感得させ、そうしたところにお心があって、さづけの理をお許しくだされたものと悟るのであります」

(『みちのとも』平成3年3月号、18ページ)

山本利雄氏は『続人間創造』のなかで、おさづけによって病気を治すのではなく、病人に親神様のご守護、「元初まりの理」を分かってもらうことが目的であり、おさづけによって「新たな価値観」を確立させるのだと述べられています。つまり、病気が治ることに焦点を置くと病気は単なる損失にしかなりませんが、おさづけによって心を入れかえ、胸の掃除をすることで、病気以前の健康なときには体験し得なかった素晴らしい陽気ぐらしの世界を体験することができる、それによって、病気は新たな価値の創造という積極的な意味をもつ、と説明されています（第二章「天理教における救済《たすけ》の理念」参照）。

そこで、おさづけと医療について考えてみたいと思います。

おさしづに、次のように教示されています。

元々医者は要らん、薬は呑《の》む事は要らんという事は教《おしえ》には無いで。元々医者にも掛かり、薬も呑み、医者の手余り救《たす》けようというは、誰にも医者に掛かる事要らん、薬呑む事要らんというは、どっから出たのや。手余りを救けるのは誰も何とも言うまい。（明治23・7・7）

ここに明確に、信仰と医学とは対立するものではないことが教えられています。おさづけは医者・薬を否定するものではなく、医者・薬による治療を受けていても、おさづけの取り次ぎを遠慮することはないということです。

にんけんにやまいとゆうてないけれど
このよはじまりしりたものなし　九 10
この事をしらしたいからたん〳〵と
しゆりやこゑにいしやくすりを　九 11

と、おふでさきにありますように、医者・薬は「しゆりやこゑ」（修理や肥）と諭されています。この意味は「農事に託しての比ゆであって、親神様の慈悲をお知らせ下さるための心の仕込みの意」（『おふでさき註釈』）で、修理肥とは「このよはじまり」（これは、親神様は永遠の今を生きる時間を超越した存在ですから、過去の出来事であるだけではなく、今・現在の事実でもあります）における、生命に込められた親神様の十全のご守護を分からせ、陽気ぐらしをさせるために、親神様によって私たちに与えられた一つの手段にすぎないものであります。

医者・薬は、最近ではかえって病気を悪化させ、病人の死期を早めたり、重篤な副作用をもたらすことが問題となっています（患者の八割は病院に来ても来なくてもよく、治療の明らかな効果のある患者は一割少し、治療によってかえって悪化する場合が一割弱といわれています〈『続人間創造』175ページ参照〉）が、本来は体内における親神様のお働きを賛嘆し、そのお働きの介助、手助けをすべきものであります。

ところで、「医者の手余り」「手余りを救ける」とは、どのような意味をもつのでしょうか。「医者の手余り」はおさしづに、あと三カ所出てきます。

医者の手余りを救けるが台と言う。……医者の手余りと言えば、捨てもの同様である。それを救けるが教《おしえ》の台と言う。
（明治26・10・17）

医者の手余り捨てもの救けるが、神のたすけという。
（明治29・5・1）

この「医者の手余りを救ける」とは、医者が匙《さじ》を投げた病気は、おさづけによるご守護も難しいので、おつとめによってたすけるということでしょうか。決して、そうではありません。あくまでも、おさづけによってたすけるということであります。

この点について、次のような見方が考えられます。

おさづけによるたすけを、医療では治すことのできない病気という範囲で受け取ると、それはおさづけによるたすけを医療と同じ次元に低下させることになる。たすけとは単に病気を治すことだけではなく、病人をたすけることに焦点がある――と。

このような見方は確かに必要ですが、この見方では、たとえ病気がたすからなくても心や魂がたすかっている、などの言い訳めいた解釈が成立します。おたすけ人は、それで満足できるかもしれませんが、「手余りを救ける」とは、医者が治療を断念した病気が、あくまでもおさづけでたすかる（当然のことながら、おつとめを伴って）ということであり、親神様、存命の教祖は、そのたすけの準備ができているということではないでしょうか。

このさきハなんほむつかしやまいても　いきとてをどりみなたすけるで　十二 50

どのよふなむつかしくなるやまいでも　これなをらんとゆうでないぞや　十二 51

この「いきとてをどり」は、「いきのさづけ」と「てをどりのつとめ」とも解せますが、「てをどり」は明治七年十二月二十六日に教祖が辻忠作さんに渡された「さんざいてをどり」と考えますと、これは現行のおさづけですから、「いきとてをどり」はあくまでも、おさづけであると悟れます。教祖は、どんな病気でもおさづけによってたすけると、私たちに力強くお約束くだされているわけであります。

したがって、おさづけによるご守護が頂けないのは、存命の教祖がお働きくだされないからではなく、ただ私たちのたすけ一条の実践、伏せ込みや、わが身捨ててもの誠真実の心が不十分であるということになるでしょう。私たちが大いに反省し、お詫《わ》びすべき点であります。

しかしながら、ご守護を頂くことのできないおさづけであっても、決して無駄ではなく、親神様はおさづけの取り次ぎによって自他の心のほこりを払い、たすけ一条の伏せ込みとして必ず受け取ってくださいます。この点も忘れてはならないことと思います。

このように見てきますと、おさづけの目的とは、病気が「すっきり救かる」ことだけではなく、病人が「真実救かる」こと（『稿本天理教教祖伝逸話篇』一四七「本当のたすかり」参照）であり、おさづけの取り次ぎによって、おさづけを受ける者も取り次ぐ者も心のほこりが払われ、身の内において働いている親神様のご守護を、より大きく受け取ることができる。そして、報恩の念がおのずと湧《わ》いてきて、ご恩報じをせずにおれないという心が定まる。その結果として、不思議なたすけを見せていただけるのではないでしょうか。

不思議なたすけは、私たちにとって、ぜひとも頂きたいご守護ですが、それはあくまでもおさづけの目的ではなく、結果としてお与えいただくものであることを忘れないようにしたいと思います。

次に、おさづけによる不思議なたすけの根拠について考えてみましょう。

山本利雄氏は「存命の理」について、次のように述べられています。

「教祖存命という信仰は、死んでも来生があるなどという幻想的な慰めごとを言っているのでは断じてない。〝いのちの舞台〟の永遠性・絶対性を言っているのである」

「教祖を信ずるということは、手を合わせて拝み、そのご利益《りやく》を求めることではない。教祖を信ずるとは、教祖の教えを白紙で受けとめ、教祖によって示された道を、教えられるままにひながたどおりあゆみ抜き、どこまでもまだまだ、と深めてゆくことにより、教祖と一つになること（自己同一）を体験することである。ひながたの道あってはじめて、教祖存命は天理教者一人一人にとって現実のものとなる」

（『いのち』606ページ）

（同577〜578ページ）

氏の篤《あつ》い求道心がうかがわれる悟りでありますが、このような存命論では、親神様のお働きと、教祖存命のお働きとの区別があいまいになってしまうようにも思われます。では、両者はどのように区別されるべきでしょうか。

ぢきもつをたれにあたへる事ならば
このよはじめたをやにわたする　九 61

月日にハこれをハたしてをいたなら
あとハをやより心したいに　九 64

このお歌の「をや」は、親神様ではなく教祖のことであり、両者ははっきり区別することができます。つまり私たちは、親神様によってたすけられることは言うまでもありませんが、教祖のお手引きにより、教祖を通して、教祖の御徳によってたすけていただけるということであります。

また、教祖を通してということは、教祖五十年のひながたにおいて、立教以来、道のために御苦労くだされた伏せ込みを台として、私たち子供の捧《ささ》げるささやかな誠真実が親神様に届けられ、不思議なたすけを見せていただけるということであります。

教祖五十年のひながたとは、その道中の生き方、通り方、考え方をただ単にまねるサンプルであるだけではなく、「口に言われん、筆に書き尽《つく》せん道を通りて来た」（明治22・11・7）道中それ自体、「しんどの仕損《しぞん》というは教祖や。何も楽しみ無しに、一日の日の遊山《ゆさん》もせずに越したはしんどの仕損」（明治40・5・30）が、私たちの救済の根拠であり、それに私たちの日々尽くし運んだささやかな理が加えられて、教祖存命のお働き、先回りの守護、おさづけによる救済にあずかることができるわけであります。

先に紹介しました立教百五十四年春季大祭の神殿講話で、三代真柱様は次のようにも仰せになっています。

「おさづけの理には、だれの頂いたおさづけの理が重いとか軽いとかというような区別はなく、老若男女、みんな頂いた理は同じ一つの理である……日々に尽くした理、日々に運んだ理が鍵《かぎ》であって、真実変わらぬ誠を尽くし、生涯変わらぬ心で教祖の道を通ることが肝心なのであります」

（『みちのとも』平成3年3月号、17ページ）

おさづけに理の軽重はなく、「存命の理」のお働きは昔も今も変わりません。「存命の理」のお働きを頂くのに必要なことは、どうでもたすかってもらいたいという「真実変わらぬ誠」の心と、「日々に尽くした理、日々に運んだ理」だけであります。

おさづけは、おつとめと同じく、教祖が子供可愛いゆえにお縮めになった二十五年の定命《じょうみょう》が込められたものであることを肝に銘じ、教祖の道具衆として、おさづけの取り次ぎを使命として通らせていただきたいものであります。

「まことに、つとめとさづけとは、親神が、世界一れつに、陽気ぐらしをさせてやりたい、との切なる親心によつて教えられた、たすけ一条の道である。これによつて、病の

根は切れ、あしきは祓《はら》われて、世界は陽気によみがえる」（『天理教教典』23～24ページ）

このくらい運び、これくらい尽《つく》して居るのに掃除々々何でやろうと思う。よそのほこりは見えて、内々のほこりが見えん。遠くは明らか。近くはうっとしい。これ元が濁る。身の内かりもの〳〵と聞いた時だけ。一日経《た》ち十日経ち言うて居る間に、二十日《はつか》経ち遂には忘れる。一寸箒《ちょっとほうき》を持って掃除するようなもの。初めは少しの埃《ほこり》でも掃除する。なれども、もう箒は要らんと言う。さあ積もる〳〵。（明治24・11・15）

いやはや親神様は、私たちの心を見抜き見通しであらせられます。おつとめとおさづけの取り次ぎによる掃除が、親神様、存命の教祖によって求められる所以《ゆえん》であります。

教祖を身近に　後編

もっと結構

「ほしい人にもろてもろたら、もっと結構やないか」

（『稿本天理教教祖伝逸話篇』三九「もっと結構」）

「さあ〳〵、結構や、結構や。海のドン底まで流れて届いたから、後は結構やで。信心していて何故《なぜ》、田も山も流れるやろ、と思うやろうが、たんのうせよ、たんのうせよ。後々は結構なことやで」

（同二一「結構や、結構や」）

最初に挙げたお言葉は、自宅に入った泥棒を偶然見つけ、盗難を免れた西浦弥平さんがお礼を申し上げたときに、教祖が仰せられたものです。この意味については、常識を超えているので理解が難しく、さまざまな解釈がこれまでになされています。

山本利雄氏は次のような解釈をされています。

「この考え方は、在来の道徳的な善悪の評価を言っているのでは断じてない。泥棒に取られなかったと喜んでいてはいけない。それは悪である。ほしい人にもっていってもらうことこそ善である、などと言っているのでは決してない。泥棒に取られずに済めば、誠に結構である。素直に喜ばしていただく。泥棒にもっていってもらえば、もっと結構である。これも素直に喜ばしてもらう。一切が結構づくめである。いかなる中でも陽気ぐらしができるように創《つく》られている。ここに、創造の意志、陽気ぐらしの原点がある。ここに、先に述べた、たんのうの世界がある」（『いのち』520ページ）

問題は、盗難に遭《あ》うことがなぜ結構なのかということですが、これは、盗人を喜ばせるからでは決してありません。盗みは欲のほこりを積む行為で、許されるものでは断じてありません。

『正文遺韻抄』に「盗賊の入りたる咄《はなし》」というお諭しが載せられています。

「凡《およ》そ世の中に、好んで人の物を盗《と》るものはあるまい。貧しさのあまり、心をわかして盗むのであらう。気の毒のものや、まづ盗るもの、身にくらぶれば、盗らるゝものは、あるからとらるゝので、喜ばねばならん。まして人間は、前生に如何《いか》なる借りがこしらへてあるやら、また前生で如何なる事がしてあるやらわからねば、今《いま》前生でかりた物をかやすとおもへば、なにもくよ〳〵思ふことはない、また天道は見どうしてあるときけば、もし之《これ》が返したのでなく、この人に貸したのであるなら、いつしかかへってくるときがあるに違ひない」（29ページ）

教祖のこのお諭しのなかに、三つのポイントが示されています。まず、盗まれるのは物があるからで、それを喜ぶこと。次に、盗難に遭うことは、前生のいんねんから考えると前生での借りを返すことになり、これによって前生において積み重ねてきた天借の返済ができること。そして第三は、前生の借りがないときには盗人に貸したことになり、将来返してもらえるということ。このように盗難の節を受け取るとき、初めて教祖のお言葉の意味がよく分かるのではないでしょうか。

教祖は、次のようなお仕込みもされています。

梅谷四郎兵衞さんの二女・みちゑさんが亡くなり、そのことを教祖に申し上げますと、教祖は「それは結構やなあ」と仰せられます。四郎兵衛さんは、教祖が何かお聞き違いなされたと思われ、再度申し上げますと、ただ一言「大きい方でのうて、よかったなあ」と仰せられます（『稿本天理教教祖伝逸話篇』一八四「悟り方」参照）。

二女の出直しに関して、長男や長女ではなく二女にいんねんを見せられ、それの自覚をさせるとともに、それによってほこりの掃除をして（大難を小難にして）いただいている、だから結構である、喜びなさい、と教祖は教えられ、お諭しになったと悟らせていただきます。

教祖は盗人に慈悲の心を抱かれるとともに、物を盗まれた当人に対して、自らの前生いんねんを悟り反省することによって、たすけ一条の心になり、本当の意味でのたんのう、陽気ぐらしができるようになることを、「もっと結構」と仰せられたものと思われます。

仏教では、浄土真宗に妙好人《みょうこうにん》（本教でいうところの、たんのうの達人の意味）という言葉があり、たとえば次のような話が記されています。

「三河《みかわ》国加茂《かも》郡塩沢《しおざわ》村に七三郎といふ仰信の（信仰熱心な）人あり……。あるとき我が山の木を盗みたる者に対して謝礼をなしぬ、それを見聞の輩《やから》、不審におもひて仔細《しさい》をたづぬれば、我《われ》過去にてあの人の物を盗みたるむくいなるべし、はづかしき事にこそ侍《は》べれ、この方より返す道をしらざりしに、あちらより取りにきたれりと思へば、礼をまうすより外なしといへり」（武内義範《たけうちよしのり》著『親鸞と現代』中公新書、126ページ）

わが山の木の盗人に謝礼ができるのも、盗人に前生の（物を盗んだ）自分を見て、そのお詫《わ》びをし、盗まれることによって前生の借りを返す、こちらから盗んだものを返しに行かなければならないのに、先方からわざわざ取りに来てくださった、だから盗人がありがたい、盗まれてありがたい、と悟れるからであります。

次に、『稿本天理教教祖伝逸話篇』二一の「結構や、結構や」について考えてみましょう。

教祖は、山中忠七さんの持ち山が大雨のため崩れ、田地が土砂に埋《うず》まるという大節に対して、「海のドン底まで流れて届いたから、後は結構やで」と言われています。一見すると「後は結構」とのお言葉から、後になると結構になるが、いまは結構でないと受け取れますが、果たしてそうでしょうか。もしそうなら、「たんのうせよ」というお言葉は、単なる忍耐、我慢ということになってしまうでしょう。

おさしづに、堪忍《かんにん》（たえしのぶ）という言葉があり、積極的な意味をもっています。

堪忍というは誠一つの理、天の理と諭し置く。堪忍という理を定めるなら、広く大きい理である。……心に堪忍戴《いただ》いて通れば晴天同様、一つ道と諭し置こう。

（明治26・7・12）

徳川家康《とくがわいえやす》の遺訓のなかにも「堪忍は無事長久の基」とありますように、堪忍は強い意思を必要としますが、たんのうの前段階にすぎないと思われます。

『天理教教典』に、「いかなる身上のさわりも事情のもつれも、親神がほおきとなつて、銘々の胸を掃除される篤《あつ》い親心のあらわれ」（69ページ）と明示されていますが、ここから考えますと、山中忠七さんの大節そのものが、心のほこりを払う「親心のあらわれ」であり、それゆえに結構である、と悟れるのではないでしょうか。

節によってほこりが払われ、後々さらに結構になっていくと教えられているように思われます。「海のドン底まで流れて届いた」ものは、土砂、大木のみならず、それについていた心のほこりでもあると思われます。

盗難の節についても、物を盗まれることによってなくなるのは、物そのものと、それについている心のほこりでもあることを、「前生でかりた物をかやす」というお言葉は意味していると悟れます。前生に「借りがこしらへてある」とは、天借を積み重ねてある、つまり心のほこりが多くある、と考えますと、借りを返すことは、心のほこりを払うことと考えられるからです。


このように考えますと、盗人は相手の心のほこりを払う手助けをしているように思えますが、そうではなく、相手の心のほこりを逆に自分のほうへ引き寄せ、そのほこりを積んでしまうことになります。つまり、盗難のような節においては、ほこりが払われるといっても、ほこりが右から左へ移動するだけで、ほこりそのものが消えてしまうわけではないと悟れます。

ほこりの掃除は、おつとめとおさづけ、たすけ一条の御用によってしか払いきることはできませんが、親神様は私たちを掃除の道具として使われ、世界一れつの心の掃除に掛かられています。

さあ掃除や。箒《ほうき》が要るで、沢山《たくさん》要るで。使《つこ》うてみて使い良いは、いつまでも使うで。使うてみて、使い勝手の悪いのは、一度切りやで。隅《すま》から隅まですっきり掃除や。

（明治20・3・15）

残らず道具良い道具ばかりでも働き出来ん。良い道具悪《あ》しき道具合わせて出ける。日々働きから分かりて来る。よう聞き分け。

（明治34・6・14）

「使い良い」「良い道具」とは、教祖の道具衆として、たすけ一条にいそしむよふぼくのことで、「悪しき道具」とは、相手のほこりは払うが、そのほこりを自ら積んでしまう、相手を苦しめ困らせる人間のことと悟りますと、私たちは「良い道具」になることを目指すだけではなく、親神様にとって「悪しき道具」を、自分のほこりを払ってくれる「良き道具」として受け取る（盗人に御礼をすることなど）べきであることを、「もっと結構」の逸話を通して、教祖はお仕込みくださっていると悟ることができます。

第一第三合一節

「さあ〳〵これは使い切れにするのやないで。家の宝やで。いつでも、さあという時は、これを着て願うねで」
「これを着て、早くかんろだいへ行《い》て、
あしきはらひたすけたまへ　いちれつすますかんろだい
のおつとめをしておいで」

（『稿本天理教教祖伝逸話篇』五一「家の宝」）

これは、村田イヱさんの息子・亀松さんの腕が痛み、教祖の御前《おんまえ》へ行ったときに、教祖が仰せられたお言葉ですが、注目すべきは、ここに二代真柱様が「第一節第三節の合一されたお歌」（『続ひとことはなし　その二』51ページ）と記されているお歌が明示されていることです。

これは、写本としては明治十四年（一八八一年）の大阪天恵《てんえ》組発行『拾弐下り御勤之歌』という私刊本に初めて出てくるお歌で、二代真柱様は、

「これが第一節及《および》第三節の古い形であつたのが、明治十五年の所謂《いわゆる》〝模様替《もようがえ》〟の史実の結果、上の句、下の句にそれぞれ下の句上の句が加わり、語尾も多少変更されて、

あしきをはらうてたすけたまへ
てんりわうのみこと　　第一節
あしきをはらうてたすけせきこむ
いちれつすましてかんろだい　　第三節

の二節になつたものと考えられる」　（前掲書82ページ）

との見解を示されています。

また、永《なが》尾《お》廣海《ひろうみ》氏は、「第一第三合一節は、むしろ、第三節に替わって、信者によって一時期歌われたものであるかもしれない」（「みかぐらうた本研究の諸問題について（上）」『天理教校論叢』第16号、21ページ）と理解されています。

「みかぐらうた」は、教祖直筆のものはいまだ発見されておらず、先人たちによって筆写されたものが現存しているだけですが、不思議なことに初期の写本（慶応三年、筆者山《やま》中彦七《なかひこしち》）から明治十年の写本まで、ほとんど第五節「十二下り」のみ、あるいは第四節「よろづよ八首」と第五節だけで、第一、二、三節が記されていません。

また、明治十年以降になると、徐々に五つの節が写されるようになりますが、その並び方は第四、五節が先に来るものが多く、明治十七年からの写本では第二、三、一、四、五節の順が主流になり、明治二十一年十一月に出版された初の公刊本によって、ようやく現行の体裁《ていさい》をとるようになります。

第一、二、三節は、かぐらづとめの地歌でありますので、次に、この三つの節の変遷について考えてみます。

第一節は、慶応二年（一八六六年）秋に「あしきはらひたすけたまへ　てんりわうのみこと」の歌と手振り（歌を唱えるだけのおつとめも記録に残されています）が教えられますが、当初は回数は不定で、拍子木を打ちながら、ひたすら親神様への祈念を繰り返すだけであったようです。

明治三年に第二節の歌と手振りが教示されますが、それ以後、第一、二節を一緒に勤められたのか、第二節はかぐらづとめとして教えられ、日々のおつとめでは第一節のみが勤められたのか、分かっていないようです。

ところで、問題となりますのは第三節で、明治八年に「いちれつすますかんろだい」のお歌と手振りが教えられますが、上の句が「あしきはらひたすけせきこむ」か「あしきはらひたすけたまへ」かの、どちらであるかということです。

矢持辰三氏の『教祖伝入門十講』（186ページ）には前者、『稿本中山眞之亮伝』（18ページ）には後者として記されていますが、どちらが正しいのでしょうか。

明治七年十二月二十六日、桝井伊三郎さんに「かんろだいてをどりのさづけ」が渡されます。これは、第二節の手振りの後、「あしきはらひたすけたまへ　いちれつすうますかんろだい　と三遍唱えて、三遍撫《な》でられる。これを三遍繰り返される」（桝井孝四郎著『おさしづ語り草　上』184ページ）おさづけですが、ここに第一第三合一節が初めて出てきています。

そして、同じく明治七年十二月に、奈良中教院から「天理王という神は無い。神を拝むなら、大社の神を拝め」と命じられ、天理王命の神名を差し止められます。そして翌八年に、「ぢば」が定められ、「いちれつすますかんろだい」のお歌と手振りが教えられるようになります。

ということは、教祖は私たちを成人させるための一時的方便として、第一節を中断して、その上の句を第三節に残して、第一第三合一節を第三節とされたと悟れるのではないでしょうか。

月日よりつけたなまいをとりはらい
このさんねんをなんとをもうぞ　六　70

この意味を、天理王命の名前を差し止められ、第一節の中断を余儀なくされたと解釈しますと、第一第三合一節成立の理由がよく分かると思われます。

『稿本天理教教祖伝逸話篇』五一「家の宝」は、明治十年六、七月ごろの話で、『みかぐらうた語り艸《ぐさ》』（桝井孝四郎著）にも、「明治八年のこの年に、かんろだいのぢば定めもありまして、おつとめもかんろだいづとめ一条になったと聞かしていただいております。すなわち『あしきはらいたすけたまへいちれつすますかんろだい』とのお手をおつけくだされたのであります」（41ページ）と記されています。

また、『続ひとことはなし　その二』に、次のように記されています。

「明治八年、教祖様、こかん様、弐《二》人　御指図にて、かんろふだいの場所御ためしになりました。そこをあるいて、向へも横へも一足もゆけぬ所へしるしをつけ、他のもの知らずにみな、信心のもの目をく丶りてあるき、中田、松尾と市枝与助、辻ます（忠作の妻）、子をおふてあるけば、みなおなじ所で立《たち》どまりました。それかんろふだいの場所となりました。

それよりかんろふだい一条のつとめとなり、御手十一通り教へなされました。

日々のつとめは、『あしきはらい、たすけたまへ、一れつすます、かんろふだい』といふおつとめでありました」（178ページ）

したがって第一第三合一節は、第一節および第三節の古い形や、信者によって一時期歌われたものではなく、遅々として成人の進まない私たちへのもどかしさのために、官憲による天理王命の神名の差し止めのために、教祖によって一時的に教えられたものではないでしょうか。

その私たちの成人の鈍さが、明治十五年の、二段まで出来ていたかんろだいの石の没収という節となって示されたと思案できます。それによって、かんろだいを先に建てて人間の心を澄ます方法から、心を先に澄ませて、その後にかんろだいを建てる方法への「模様替え」が、現行の第一節、第三節に変更することによってなされたと悟れます。

しかし、「模様替え」といっても親神様の想定の範囲内のことで、それまでの、親神様のお力や現身《うつしみ》を持たれた教祖に依存するだけで信仰的自立をしようとしない人々の姿勢に対して、親の心を求め人だすけを優先する信仰へと脱皮することを、強く促される親心の表れと悟れます。

この第一、二、三節の変遷について、上田嘉世《うえだよしよ》氏は次のように詳しく説明されています。

「1、最初『なむてんりわうのみこと』のみであった。

2、慶応二年、第一節『あしきはらひたすけたまへ　てんりわうのみこと』が教えられる。

3、明治三年、第二節『ちよとはなし』が教えられる。

4、明治八年ごろ、一・三合一節が教えられ、第二節の後に歌われる。これ以後のおつとめは、

第二節

あしきはらいたすけたまい　いちれつすますかんろふだい

5、明治十四年ごろの、かんろだい建設を急がれたころの形と推測される、第三節が、『あしきはらいたすけせきこむ　いちれつすますかんろだい』となっているもの。このころには、第一節『あしきはらい』も写本上に記されるようになる。

6、明治十五年五月のかんろだい取り払い直後の形（一二三の順番）

あしきはらいたすけたまい　てんりんをふのみこと

第二節

あしきはらいたすけせきこむ　いちれつすましてかんろふだい

第一第三合一節

7、明治十七年～十九年ごろの一般形（二三一の順番）
第二節
あしきをはらうてたすけせきこむ　いちれつすましてかんろだい
あしきはらいたすけたまへ　てんりんをふのみこと
8、明治二十年ごろ以後（一二三の順番）
あしきをはらうてたすけたまへ　てんりわうのみこと
第二節
あしきをはらうてたすけせきこむ　いちれつすましてかんろだい　以上」
（『みちのとも』立教173年12月号、31ページ）

その後、明治二十一年陰暦十月二十六日の本部開筵式《かいえんしき》から、朝夕のおつとめも現行通り勤められますが、明治二十九年の秘密訓令により再び第一節は止められます。復活したのは大正五年（一九一六年）秋の大祭からで、おつとめ勤修《ごんしゅう》の受難は、その後も続いていくことになります。

救かる身やもの

「金や物でないで。救《たす》けてもらい嬉《うれ》しいと思うなら、その喜びで、救けてほしいと願う人を救けに行く事が、一番の御恩返しやから、しっかりおたすけするように」

（『稿本天理教教祖伝逸話篇』七二「救かる身やもの」）

これは、筆者の曽祖父である泉東分教会の初代・村上幸三郎が、明治十三年（一八八〇年）に不治の病をおたすけいただき、そのご恩返しの方法をお伺いしたときに、教祖が仰せになったお言葉です。

この逸話には、たすけていただいたお礼としてのたすけ一条ということと、ほかにもう一つの大切なポイントがあるように悟らせていただきますので、それを少し紹介させていただきます。

　泉東初代は、教祖から「救かるで、救かるで。救かる身やもの」とのお言葉を頂いた後、いろいろ珍しいお話を聞かせていただき、帰るときに、紙の上に載せた饅頭《まんじゅう》三つとお水を頂きます。そして帰宅後、早速「なむてんりわうのみこと　なむてんりわうのみこと」と唱えながら、そのお水を痛む腰につけていると、三日目には痛みが夢の如《ごと》くとれ、鮮やかなご守護を頂きます。

　ここに、天理王命の神名を唱えての祈願が出てきますが、これは決して単なる祈祷《きとう》、まじないのようなものではありません。

『稿本天理教教祖伝逸話篇』の「はしがき」に、「たすけ一条の道は、ぢばに向かい、神名を唱えて願うことにはじまり、子供の成人と共に、次第にその全容を明かして、つとめとさづけをお教え下されたのである」とありますように、これはおつとめの前身であり、おつとめに匹敵するものでもあります。

『稿本天理教教祖伝』に、文久三年（一八六三年）、辻忠作さんが妹・くらさんの気の間違いについて伺われ、教祖から朝夕拍子木をたたいて神名を唱えるよう教えられるお話が出てきます。このときはまだ、慶応二年（一八六六年）に「あしきはらい」のおつとめが教えられる前で、「唱名《しょうみょう》のおつとめ」とも呼ばれています。

また、それより以前、嘉永六年（一八五三年）にこかん様は、親神様のお指図により神名を流すべく浪速《なにわ》の町へと出掛けられ、道頓堀《どうとんぼり》に宿を取って、早朝から往来激しい街角で、「なむ天理王命、なむ天理王命」と拍子木を打ちながら唱えておられますが、これは単なる神名流しではなく、「おつとめ」でもあります。

そこで少し、この「唱名のおつとめ」について思案してみたいと思います。

教祖は文化七年（一八一〇年）、十三歳のときご結婚され、中山家の人となられますが、ご結婚の話が出ましたときに、生来身体《からだ》があまり丈夫でないところから浄土に憧《あこが》れ、かねて尼になりたいと思われていましたので、返事を渋っておられます。

両親の説得で納得されますが、そのときに「そちらへ参りましても、夜業《よなべ》終えて後《のち》は、念仏唱える事をお許し下さる様《よう》に」との希望を添えて承知しておられます。その当時は、まだ男尊女卑の風潮が強く、結婚前に女性のほうから条件を出すことなど考えられませんが、その条件を中山家が受け入れて、ご結婚されるわけです。

それからの教祖の通り方につきましては、『稿本天理教教祖伝』に詳しく記されていますので説明を要しませんが、教祖伝に直接記されていない次の点を紹介したいと思います。

『私の教祖』（中山慶一著）に、次のように記されています。

「（教祖は）何時《いつ》の頃《ころ》からか母が熱心に信仰されていた仏信心をお始めになり、母が朝な夕なに仏壇の前に念仏唱名される折には、何時もその後に坐《すわ》って、小さな手を合わせて一心にお祈りされるようになった。母の信仰は浄土宗であった関係から、何時しか浄土和讃《わさん》なども暗記されるようになり、又《また》、時折の母の寺詣《まい》りには欠かさず一緒にお越しになり、殊に住職、説教僧の法話の折は最後まで熱心に聴聞《ちょうもん》されるのであった」（98ページ）

浄土和讃といえば親鸞の和讃が特に有名ですが、これは浄土真宗だけのものではなく、仏教歌謡の一つで、教えや高僧の行跡などを七五調で詠んだものです。みかぐらうたは主として七五調になっていますが、これは浄土宗の影響によるのではなく、教祖が、和讃が当時の人々にとって、また今日の私たちにとっても一番親しまれやすいと思われての親心からと悟れます。

教祖は、念仏することを結婚の条件に出されていますが、念仏によって何を願おうとされたのでしょうか。

教祖は生来、お身体が丈夫でなかったと自身言われていますので、この世の生への執着はなく、あの世の浄土に憧れられたのでしょうか。

「教祖の信仰生活の外面は、寺参りや念仏唱名というように専《もっぱ》ら浄土宗の信者として発足され、また浄土宗の教えによって養われていったようにも見えるが、その実は教祖御自ら人生の矛盾と暗さを感得されたところに発足されたものであり、これを解決せんとする努力によって深められていったものであって、浄土宗の教えは、ただその発端の手《て》懸《が》り《か》として役立てられたものに過ぎない」（前掲書112～113ページ）

「激しい野良仕事や多忙な家事に、寸暇のない明け暮れを送られながら、一日として怠られなかった教祖の念仏唱名は、西方浄土の阿弥陀仏《あみだぶつ》を呼び求め給《たま》うお声ではなく、自らの御中に、今日の現実を浄化する仏性を呼び醒《さ》ましておられる御声であった。即《すなわ》ち、教祖の信仰は、外面の形式から見れば、浄土門の人々のそれと異なるところはなかったが、内なる精神に在っては、伝統的な浄土門の信仰を超えた教祖自身の独自な信仰の芽が、ぐんぐん伸びてあったものと拝察される」（同135ページ）

「『世の中から、人々の不幸と悲しみをなくして、和気と喜びと幸福の充《み》つる世の中を実現したい』という願い。言いかえれば、浄土を彼岸に求めようとする浄土宗の信仰から、浄土をこの世に実現したいという願いに進まれた、これが教祖の独自な信仰課題であり、これを解決しようとする努力に終始されている。この御一念と実践が、限りなき孝養となり、貞節となり、慈悲として発現されたのであった」（同182～183ページ）

これらのことは、次のような史実からも理解できます。

教祖は文化十三年、十九歳の春、勾田《まがた》村善福寺にて五重相伝を受けておられます。これは浄土宗の奥義を授ける儀式で、これを受けた者は、浄土宗の信仰の極地に到達したと見なされますが、これも段々簡略化、形式化されまして、教祖が受けられたときには、一週間の講習会のようなものになっていたようです（善福寺の記録によりますと、教祖は文化十四年三月五日入行、十一日正伝法となっており、ちょうど一週間で、このときは教祖を含め、十九人の参加者があったといわれています〈『ひながた紀行』28ページ参照〉）。

その後、教祖は、文政十一年（一八二八年）三十一歳のときに、近所の足達《あだち》家の子供、照之丞《てるのじょう》さんの黒疱瘡《くろぼうそう》のおたすけをされますが、そのときには善福寺、つまり阿弥陀様には祈願せず、氏神に百日の裸足《はだし》詣りをし、天に向かって八百万《やおよろず》の神々に祈願されています。


次に、「月日のやしろ」となられてから、教祖は内蔵に約三年間おこもりになられます（『稿本天理教教祖伝逸話篇』三「内蔵」参照）が、このことを思案してみます。教祖のひながたは五十年といわれますが、この内蔵の三年は、その意味が分からなければ、私たちにとってのひながたにならず、その三年を除いた四十七年がひながた、ということになりかねません。

『私の教祖』には次のように記されています。

「お食事の時間が来てもお出ましにならぬ事も多いし、これを案じて、家人が召し上がる物を運んで行っても何のお応《こた》えもない事もあったろう。一体如何《どう》した事であろうかと、夫や子供達が心配の余りソッと様子を窺《うかが》うと、時には端然と端座し、冥想《めいそう》されておる事もあれば、又時には何者か、余人には見えない相手とお話し合いをなされている様《よう》な様子に見える事もある。又、時には線香を一本お立てになって、『南無天理王命、南無天理王命』と一心に祈念されている折節もある」（225ページ）

教祖が内蔵の三年間、そのようになさっておられたと悟らせていただきますと、「唱名のおつとめ」によって、私たちをたすけるための伏せ込みをしておられたと悟れます（この点に関しましては、立教以前の教祖の慈愛あふれた、わが身わが子を身代わりにされる黒疱瘡のおたすけをはじめとする多くのたすけの行いも、また一日も欠かされなかった念仏唱名も、伏せ込みになっていると悟らせていただきます）。

「神の古記」（明治十六年本・桝井本）に次のような記述があります。

「この《此》六はしら《柱》の神様わ南無門《阿》彌陀佛なり。南無とゆう《云》わ、目、ぬく《温》み。阿彌とわ、かわ《皮》つなぎ《繋》に、しん《芯》のほね《骨》なり。陀佛とわ、のみ《飲》くい《食》て《出》いり《入》に、き《息》のこと《事》なり。南無阿彌陀佛とゆう《云》わ、人間のみ《身》のうち《内》のこと《事》なり。これて《で》み《身》のうち《内》ろく《六》たい《台》とゆう《云》なり」
（『こふきの研究』121～122ページ）

念仏を唱えることは、間接的には身の内六台の六柱の神名を唱えることであり、教祖は約二十五年間の念仏唱名によって、「唱名のおつとめ」のための伏せ込みを無自覚的にされたと悟れるのではないでしょうか。

教祖は、立教から二十九年目の慶応二年秋に、初めて「あしきはらひたすけたまへてんりわうのみこと」の歌と手振りを教えられます。

立教からそれまでの長い空白を埋めるために、やむにやまれぬたすけ一条の一時的な方便としての「唱名のおつとめ」を教祖は教えられ、それによって泉東初代はたすけていただきました（泉東初代がたすけられました明治十三年には、すでに鳴物を入れた「つとめ」が勤められています）。

したがって、「救かる身やもの」の逸話を通して、教祖によってたすけていただいた大きなご恩への報恩としての、たすけ一条への新たなる決意をすること、また「唱名のおつとめ」を通して教えられた「つとめ」一条、おつとめの徹底・充実、おつとめへの全幅の信頼を、あらためて悟らせていただいております。

みなそろてはやくつとめをするならバ
そばがいさめバ神もいさむる　　一　11
とのよふなむつかしくなるやまいでも
つとめ一ぢよてみなたすかるで　　十　20

ようし、ようし

ある時、飯降よしゑが、「ちよとはなし、と、よろづよの終《おわ》りに、何《な》んで、ようし、ようしと言うのですか」と、伺うと、教祖は、
「ちよとはなし、と、よろづよの仕舞《しまい》に、ようし、ようしと言うが、これは、どうでも言わなならん。ようし、ようしに、悪い事はないやろ」
と、お聞かせ下された。

（『稿本天理教教祖伝逸話篇』一〇九「ようし、ようし」）

教祖は、みかぐらうた第二節と第四節の終わりに「ようし、ようし」と付け加える（第二節は、朝夕のおつとめでは付けない）理由を、「ようし、ようしに、悪い事はない」からと説明されています。また「どうでも言わなならん」と強調されていますが、なぜ

でしょうか。
まず、みかぐらうたの成立の背景と順序を見てみましょう。

第一節「あしきはらひたすけたまへ　てんりわうのみこと」は、慶応二年（一八六六年）秋、小泉村（現大和郡山市）不動院の山伏たちが、お屋敷にやって来て乱暴狼藉《ろうぜき》をはたらいた直後に教えられています。この事件の様子は、次のように記されています。

「どこからきたう（祈祷）のゆるしをうけたか、といふて質問致しまして、夫《それ》から御教祖様へせまつて、悪口雑言を尽《つく》したさうでござりますが、御教祖様は、かやうなものには、更《さら》におあひてなりませず、口をとぢておいで遊ばすものですから、益々《ますます》たけりくるつて、刀をぬいて畳にくすぎ（突き差すこと）遂には、御教祖様のまのあたりへさしつけて、おどしました。

それでも御教祖様は、一歩もおしりぞきにもならず、びくともせず、口をむすび、まなこをとぢて、ゑみをふくんで、泰然と遊ばしてござるものですから、更におどかしのかひもなく、ぬいた刀のやりばがございませんから、尚《なお》も悪口雑言をはいて、たけりくるつて、障子をさき、太鼓をきり、提灯《ちょうちん》をうち払つて、さん〳〵あばれて出てゆきましたさうでござります」

（『正文遺韻抄』62ページ）

また、この事件の後、

「ほこりはよけて通れよ、ほこりにさからうたら、自分も又ほこりをかぶらにやならん程に、けつしてほこりにさからふやないで」「しんじつもつてこの道つとめるなら、いかなる処《ところ》も、こはきあぶなきはない。神がつれて通るほどに、決しておめも、おそれもするのやないで」

（同63ページ）

と、お仕込みくださっています。

この第一節は、一見この事件が原因となって作製されたように思えますが、事件はあくまでも契機であり、つとめ場所が前年に完成していますので、第一節は事件に関係なく成立する必然性があったと思われます。

いずれにせよ、立教から二十九年目にして、第一節がようやく教えられます。なぜ、こんなに長い年数が必要だったのでしょうか。

ひと言でいいますと、親神様・教祖の心が分からない、人間の心の成人の鈍さゆえということですが、具体的には、これまでの節に対する見方、受け取り方が考えられます。

古来、否、現在においても、病気、事情、災難等のいわゆる「あしき」は、悪霊や怨《おん》霊《りょう》などが人に祟《たた》ったり、憑《つ》き物がついたりすることに起因するという考え方が根強くあります。キリスト教のなかには、神と同じ霊的な存在として悪魔（サタン）がいて、神の救いを妨げ人間に災いをもたらす、と教える宗派もあります。また霊の祟りを強調し、信者を恐れさせることによって信仰を強要し、お金をむしり取るようなカルト宗教もあります。

現在においても同じ状況ですから、教祖ご在世当時は、節の原因を外来のものとする見方が一層強かったと思われます。

教祖はまず、「なむ天理王命」と神名をひたすら唱える「唱名のおつとめ」（『稿本天理教教祖伝』に「当時のつとめは、たゞ拍子木をたゝいて繰り返し〳〵神名を唱えるだけで、未《ま》だ手振りもなく、回数の定めもなく、線香を焚《た》いて時間を計って居た」〈45〜46ページ〉とあります）を教えられ、これによって「あしき」の本来の原因である心のほこり（この時点では、まだ教えられていません）を払い、たすけに浴せる手段を講じられます。

そして、第一節を教えられることになりますが、このお歌の「たすけ」は、まだ「あしき」の真の原因が内なる心であることが分からず、外からのものと受け取り、神名を唱えて神にひたすら祈願することによって与えられるものと考えられていたのではないでしょうか（明治十五年に「あしきはらひ」が「あしきをはらうて」となりますが、現行の「はらうて」のほうは、「あしき」が内なる心に起因するとの自覚が明確にあります）。

次に、第五節「十二下り」が慶応三年、教祖七十歳の年の正月から八月にかけて教えられます。

この第五節では、一下り目が豊作、二下り目が健康と平和を中心に、具体的なご守護が述べられています。そして、一下り目の「さんざい心」という信心の芽が、三下り目以降、「ひとすぢ心」「やさしき心」「ふかい心」へ、さらに、たすけ一条（にをいがけ）の心、報恩（ひのきしん）の心へと発展していき、世界のふしんに参画していくという、信仰生活における心の成人が詳しく教えられ、求められていると考えられます。

続いて、第二節「ちよとはなし」と第四節「よろづよ八首」が明治三年（一八七〇年）に教えられますが、「『よろづよ』は、十二下りのだしと仰せられて、十二下りのはじめに、つとめる事になりました」（『正文遺韻抄』74ページ）のに、なぜ第五節「十二下り」の後に教えられたのでしょうか。

第一節が人間から神への祈願であるのに対して、第二節と第四節は、「かみのいふこときいてくれ」「なにかいさいをとき、かす」「き、たくバたづねくるならいうてきかす」から分かりますように、神から人間へのお諭し、お願いであり、その内容は「このよのぢいとてんとをかたどりて　ふうふをこしらへきたるでな　これハこのよのはじめだし」、つまり、元のいんねん、元の理、生命の起源、根源の話になっています。

この第二節と四節が、第一節と五節の後に教えられているということは、第二節と四節の内容が、第一節と五節の根拠になっていると考えられます。つまり、第一節のたすけ、第五節で教えられる心の成人の実現のためには、親神様から人間へのお諭しが分かるようになることが必要だということであって、それが少しでも分かるようになることによって初めて親神様から認めていただける。これが「ようし、ようし」の意味ではないでしょうか。また、この意味で「どうでも言わなならん」と教えられているように悟れます。

陽気ぐらしを目的に人間が創造され、いまも変わらないご守護によってお育ていただき、お連れ通りいただいている。このご恩に報いるために、たすけ一条の心になって、よふぼくとしての御用をさせていただくことによって、明治八年に教えられる第三節「かんろだい」のたすけが、少しずつ実現していくことになるのではないでしょうか。したがって、第三節のたすけは、神人協働によってもたらされる本来のたすけであり、この実現を親神様、存命の教祖は急いでおられると考えられます。


余談になりますが、最後に第三節の「かんろだい」の手振りの意味についての悟りを紹介させていただきます。

この手振りは、「オサエの手」を腹前で一、二寸ばかりしっかりと押さえ、「両平手の甲を左右に返して、掌《てのひら》を上向きに小指と小指とを軽くつけて、平らに揃《そろ》え」、「そのまま両平手を平らにして、真っすぐに肩の高さまで上げる」（山澤為次著『おてふり概要』32ページ）手の動きです。天から授けられる甘露をありがたく頂戴《ちょうだい》する手振りや、真の陽気づくめの世の中が実現した暁《あかつき》に「かんろだい」が建ち上がる姿をあらわす手振りのように思われますが、「かんろだい」の項で紹介しましたように、三段目から十二段目までの十段の台を「道の子の理」「日々月々年々のつくしはこびの伏せ込みの理」（諸井慶一郎著『天理教教理大要』69ページ）と解しますと、私たちがその一段一段を、たすけ一条の御用、つくし・はこび等の伏せ込みによって積み上げていくことを、日々忘れずに決意する手振りと悟ることができるのではないでしょうか。

「かんろだい」が建ち上がっていくのを手をこまぬいて待つのではなく、その建ち上げに、たすけ一条の御用を通して自ら参加することを、その手振りによって教えられているように思われます。

どうでもこうでも、かんろだい積み建てる〳〵。（明治31・7・14）

このおさしづは、親神様・教祖が、そのことを私たちに強く求められているとも悟れます。

魂は生き通し

「こかんや秀司が来てくれるから、少しも寂しいことはないで」
「秀司やこかんが、遠方から帰って来たので、こんなに足がねまった。一つ、揉《も》んでんか」
「正善《しょうぜん》、玉姫《たまひめ》も、一しょに飲んでいるのや」

（『稿本天理教教祖伝逸話篇』一一〇「魂は生き通し」）

正善とは二代真柱・中山正善様、玉姫とは初代真柱様の長女・玉千代《たまちよ》様のことで、二代真柱様は秀司先生の生まれかわりであり、玉千代様はこかん様の生まれかわりであるといわれています（山本利雄著『続人間創造』211ページ参照）。

秀司先生は明治十四年（一八八一年）に六十一歳で、こかん様は同八年に三十九歳で、それぞれ出直されていますが、魂は生き通しで、現身《うつしみ》を持たれている教祖と会話などをされていたということになります。これを、どのように受け取ればいいのでしょうか。

まず、魂とは何かということについて見てみましょう。

魂は、原典においては、次の二カ所にしか出てきません。

高山にくらしているもたにそこに
くらしているもをなしたまひい　　十三　45

皆一寸《いっすん》の虫にも五分の魂、と、皆言うたる。（明治29・3・24）

おさしづのほうは常識的なことわざですので、おふでさきに一カ所あるだけということになりますから、原典に基づいて論じることは極めて困難です。

さて、人間存在は一般に、三つの次元から成り立っていると見なされています。第一は身体的、第二は心的、第三は霊的次元ですが、第三の霊的次元については、これまで古今東西において、さまざまな見方が示され、百家争鳴の観を呈しています。

代表的な見方を紹介しますと、C・G・ユングの自我（Ego）に対する自己（Self）、これは無意識に潜在するもう一つの自分のことです。この自己の働きを知り、その声に耳を傾けることによって、自我と自己、意識次元と無意識次元が生き生きと交流し、結びつくようになることが自己実現と見なされます。

本教において、深谷忠政氏は、魂とは心づかいの起点である我《われ》の抽象形態であるとして、次のように記されています。

「逆にいうと、魂が展開して心となり、その現実形態として『心づかい』がある。そして、魂の現実存在ともいうべきものが我《わ》れなる主体である。……魂はいんねんの担い手であり心の可能性ともいうことができるし、また逆に心の自覚性が魂ということもできるであろう。換言すれば心の原性と申してもよいであろう。……魂は等価値である。すなわち心の原性には区別はないが、現存する人間の心には、それぞれのクセがある。それは元初まりにおいてはなかったものであるが、何回かの生まれかわりの中に出来た個人差である」

（『天理教教義学序説』146〜147ページ）

魂と心と身体《からだ》は互いに密接な相関・因果関係をもち、心と身体は魂のいんねんにふさわしいものを借りている。心の働きは、その本質である魂に規定されるが、逆に、心の働きは魂に影響を与え、それが原因となって身体のあり方、心のあり方を変えていくと考えられます。また、魂としての作用、すなわち心は、身体を持つ生命の誕生に始まり、身体の生命が終わるとともに停止すると考えられます。

諸井慶一郎氏は次のように説明されています。

「この魂が、身上と離れて在るかということについては、働きが身上を以《もっ》ての働きである以上は、身上なくしては働きはないのであって、働きのない存在は、これは観念的存在でしかないのであります。つまり、魂は心としては存在するが、身上なくしては存在するとも云《い》えんのであります。したがって死後の魂、死後の霊が存在するかといえば、この世においては存在しない」

（『天理教教理大要』316ページ）

では、「魂は生き通し」の逸話は、どのように考えればいいのでしょうか。

明治二十年一月十三日、初代真柱様が教祖に尋ねられた三カ条の根本教理の第一に、「この屋敷に道具雛型《ひながた》の魂生《うま》れてあるとの仰せ」とあります。

また、こふき話（和歌体十四年本・山澤本）に、次のように示されています。

「29、くにさつちこのかみさま《此神様》ハ親さま《様》の　たいない《胎内》こもりだき《抱》しめござる《御座》
30、ことし《今年》から三十年たち《経》たなら　なあ《名》ハたまひめもと《元》のやしきへ
32、つきよみハしやちほこなりこれなるハ　にんげんほね《人間骨》のしゆご《守護》ふのかみ《神》
33、この《此》かみ《神》ハとふねん《当年》巳の六十と　い《一》丶才にてぞあらハれ《現》ござる《御座》」

（『こふきの研究』60〜61ページ）

こかん様と秀司先生が、くにさづちのみことと月よみのみことの御魂で、こかん様の生まれかわりといわれている玉千代様が生まれられるのは、三十年後ではなく二十一年後の明治三十五年ですが、秀司先生が明治十四年に六十一歳であることは、史実によって確認することができます。教祖は、いざなみのみことの御魂で、ともに人間創造のときの道具衆の魂であるため、私たち人間の魂とは異なり、魂だけで心の働き（教祖の場合は、観念的なものではなく現実的なお働き）も持たれているので、逸話に見られるようなことが生起すると悟れます。

では、人間の魂は、出直してから次にこの世に生まれかわってくるまでの間、どのよ

うに存在しているのでしょうか。

このものを四ねんいせんにむかいとり
神がだきしめこれがしよこや　三 109
それからハいまゝて月日しいかりと
だきしめていたはやくみせたい　七 68

この二つのお歌は、『おふでさき註釈』によりますと、ともに明治三年陰暦三月十五日に出直された秀司先生の庶子、お秀《しゅう》様のことをいわれたもので、明治十年にたまへ様（秀司先生の長女）として出生されますが、ここにはっきりと、魂は親神様によって抱きしめられていると教示されています。

「やしろ」でない人間の魂とは、あくまで信仰的世界の対象でしかなく、その存在は科学的に検証されないもの。時間・空間を超えていて、客観的に実在するといえないもの。したがって、魂はいつ、どこに、どのように存在するかをいうことのできないもの。この意味では、あるともないともいえるものであって、ただ「神がだきしめ」ている（したがって存在しても非活性な状態）としかいえないものと悟れます。

教祖は、次のように仰せられたといわれています。

「此《こ》の身上かやしても、心はわがの理ゆゑ、きえてしまふものやない。これが、たましいといふものや。たましひは、まんごふ、まつだいのものである。そこで、身上かやす理を、世上では、死にゆくといふのである。けれども、死にゆきてどうなるかといへば、又、かりものかりて此の世へ出るのである。……それは、どういふものなら、いんねんと云《い》ふもちこす処《ところ》の理、一日けつこうにくらしても、晩がたになりて、兄弟や夫婦の中で、つみつくるといふ事がある。したならば、あすのあさ、互《たがい》にこゝろもちがわるくて、ものもゆはんといふ事になる。中には、一日も二日も、ものをゆはん。顔をみても、にらみやひで、通るやうな事もある。この理はどこから出たか、なにがさしてゐるかといへば、皆わが心がしてゐるのや。心の理が、のこりてあるからの事や。人の一生終《おわ》りて、生《うま》れかへる場合にも、前生の理をもちこすといふは、このどうりであるで」

（『正文遺韻抄』244ページ）

この分かりやすいお話によりますと、教祖は、魂とは「心の理」であって、生まれかわっても残り続けて、この世の人生にさまざまな影響を与えると教えられています。

教祖は慶応元年（一八六五年）、おはる様ご懐妊のとき、「今度、おはるには、前川の父の魂を宿し込んだ。しんばしらの眞之亮やで」（『稿本天理教教祖伝』66ページ）と仰せられています。魂の宿し込みとは、粒子のようなものを入れるように考えられやすいのですが、魂から生命が誕生すると考えますと、その魂に刻印を打つようなものではないでしょうか。

「人間ノタマ《魂》ヒナルハドジヨウナリ」（『こふきの研究』91ページ）

「親神は、どろ海中のどぢよを皆食べて、その心根《こころね》を味《あじわ》い、これを人間のたねとされた」（『天理教教典』27ページ）

これらは、魂とは受胎後何カ月か経《た》って宿し込まれるものではなく、魂が生命の母胎、エネルギーのようなもの、ということを教えられているのではないでしょうか。

村田幸右衛門《むらたこうえもん》さん（明治十九年に六十六歳で出直し）の次のような話があります。幸右衛門さんが晩年になって、三歳の子供でもしないような仕草をされるので、教祖にお伺いすると、「魂はもう先方へ宿っておるがな」と仰せられたそうです（桝井孝四郎著『おさしづ語り草　上』89～90ページ参照）。これも、魂を実体として考えると分からない話ですが、魂の宿し込みを魂への刻印と考えると、理解できると思われます。

次に、魂と霊の問題について考えてみたいと思います。

このよふにかまいつきものばけものも
かならすあるとさらにをもうな　十四　16

憑《つ》きもの化けもの、心の理が化けるで。……憑きもの化けもの一つ心理を障る神は無い。心の理後へ〳〵戻る。（明治25・4・19）

と原典にありますように、人間の魂は出直してから生まれかわってくるまで神に抱かれていますが、その間に悪霊や怨霊《おんりょう》、化け物、死霊となって、生きている人々を苦しめたりすることはないと、明確に教えられています。

「心の理が化ける」ということは、一見、憑き物、化け物の実在が肯定されているように思えますが、それらはあくまでも「心の理」、つまりいんねんが外化、自己疎外されたもので、いんねんのある当人にとってしか存在しないもの（たとえば殺人者に被害者の幽霊が出るというような）と考えられます。

松本滋《まつもとしげる》氏は、「人間の魂あるいは霊魂は、『古い着物』としての身体を脱ぎすてて、その霊的次元に入ります」（『神へ近づく道』190ページ）と説明されたうえで、次のように述べられています。

「いわゆる『あの世』、つまり『死後の世界』では、魂のレベルというか波長の似た者同士が集まり合うということになります。……『いんねん』によって似た者同士が集まるのです。……浄《きよ》らかな美しい魂の人は、同じように善良な魂に取り囲まれますが、反対に強欲、ごうまんの限りを尽くし、あくどいことばかりやって来た、汚れた魂の人は、自然と『類は友を呼ぶ』という原理によって、大変な所に行くことになる訳です」

（同192〜193ページ）

前述のように、人間の魂の場合、身体がない限り心が生じない、したがって当然、会話もできないのであれば、「あの世」での新しい生き方というのは具体的に何を意味し、救済とどのようにつながるのでしょうか。

氏はさらに、人間は親なる神の「分身」、そういう意味での「神の子」と考えられています。この、「分身」とは、神の「分け霊《みたま》」といわれるもののことでしょうか。

昭和五年版の『天理教綱要』に次のように記されています。

「人間の身上が借物であるならば、借主は誰かといふに、人間の霊《れい》でありますます。霊とは神の分け霊《みたま》であって、人間が霊に生き、霊によって身上を使ふならば、身は自由《じゆうよう》用の理をいたゞくのであります」（200ページ）

この「分け霊」説は、神道における神人関係を連想させ、神人の連続性が強調され、さまざまな誤解が生じてきます。「分け霊」説の根拠は、親神様が泥海中の「どぢよ」を皆食べて、これを人間の「たね」とされたことであり、親神様に食べられ同化されたから、神人は同質で連続しているということですが、この「どぢよ」も、親神様によって人間創造に先立って創造されているわけですから、神人関係には断絶、非連続性があると考えられます。

神へ近づくという考え方は誤解を受けやすく、あくまでも神の思いに近づくと考えなければならないと思われます。

増野鼓雪《ますのこせつ》氏は、「人間は神様の子だから神様にならねばならん」（「神秘と真理」『増野鼓雪

選集　第三巻』184ページ)、「神様から啓示を受け、黙示を受けて進んで行くと、神秘の世界にはいることができる」「人間と神とが合一する事によって、神秘の世界にはいることができる」(同190ページ)と述べられ、神秘主義的神人合一を説かれています。

教祖五十年祭(昭和十一年)ごろまでは、霊救という言葉がおたすけに使われていたようです。よふぼくのたすけ一条の精神を高揚させるために、その時代の影響を受けて必要であったのかもしれませんが、神人合一の視点からの霊救となると、本来の教え、神人和楽、「神が連れて通る陽気」(明治30・12・11)から少しそれるように思われます。

また、心と魂、霊と魂を分けて、「心のほこりを取り除くことによって神的本来性をもつ魂が働きだし、何事でも思っただけでそれが時空を超えて現実化するという思いの自由自在が叶《かな》い、神に等しき働きができるようになる」という見方や、「霊とは外から神秘的な力を発揮し、魂は人間存在を内から支えて神秘的な力を発する」「魂は霊のように空間的ではなく時間的な次元で永遠の次元にまで及んでいく普遍性をもっている」「祖霊殿に祀《まつ》っているのは魂ではなく霊であるので、魂の次元の信仰、全人類を射程に入れた信仰に立脚すべきである」というような見方もあります。

心と魂、霊と魂を分けて考えるこれらの二元論的見方は、人間の身体を軽視したり、環境を無視して人間を問題にしたりするようなもので、非現実的で一面的なものになってしまう恐れがあります。心や身体とは全く無関係な、独立した実体としての霊や魂は考えられず、もしあったとしても、神によって抱きしめられている、つまり時空を超えた非活性状態のもの、具体的な働きのないものと悟れます。

では、本教において「みたま」や祖霊殿はどのような意味をもつのでしょうか。本教でもよく「祖霊様《みたま》のおかげ」などと言われますが、それは守護霊という意味でしょうか。おさづけの取り次ぎのときに、親神様・教祖にご守護をお願いしても、祖霊様にはお願いをしません。ということは、おさづけのご守護に祖霊様は関与していないということ、つまり祖霊は守護霊ではないと考えられます。

では、祖霊様の働きというのはないのでしょうか。祖霊殿は魂が生まれかわってくるまでの休息所という見方がありますが、魂がすべて生まれかわっていれば、もぬけの殻になってしまいます。

諸井慶一郎氏は、次のように説明されています。

「祖霊殿の霊舎に祖霊がおわすのではもとよりないし、祭文に霊の加護を願うようなことを奏上しても、働く霊の存在を信じているのではなく、先祖先人の遺徳を讃《たた》え、遺徳に守られることを報謝祈念する意味であります」（『天理教教理大要』441ページ）

ということは、祖霊様の働きというのはなく、祖霊様の遺徳を台にして親神様、存命の教祖が実質的に働かれるということと悟れます。つまり、祖霊様のおかげと言うことによって、間接的に親神様・教祖にお礼を申し上げることになると考えられます。

作家の五木寛之《いつきひろゆき》氏は次のように記しています。

「日本のアニミズムは山や森、岩などに偉大な存在を感じて身をゆだねるわけですが、阿弥陀仏というのは、人間の想像力のなかで作り出したものです。阿弥陀仏は色もなく、形もおわしませず、無量の光である。そのように親鸞はいうわけですが、架空のものを作って身をゆだねるのは、反自然的な人間の努力でしょう。他力にすべて帰依するといいますが、帰依する対象である阿弥陀仏という存在が、人間が作り出したものである以上、なかなか純粋他力というわけにはいかない」（『無力《むりき》』新潮新書、168ページ）

信仰は自力か他力かという問題は古くから、そしていまも真剣な論議を呼ぶ問題ですが、単に信仰は自力にして他力というような安易な折衷主義を主張しても、そのような立場や態度は具体的にはどのようなものかを考えますと、あやふやな態度にすぎないということになります。阿弥陀仏や祖霊というものは実在する実体として考えますと、その存在はいつ、どこで、どのようにあるかという、解決の簡単にできない問題に逢着《ほうちゃく》します。


教祖は、梅谷四郎兵衛さんに次のように諭されています。

「何の社《やしろ》、何の仏《ほとけ》にても、その名を唱え、後にて天理王命と唱え」

「社にても寺にても、詣《まい》る所、手に譬《たと》えば、指一本ずつの如《ごと》きものなり。本《もと》の地は、両手両指の揃《そろ》いたる如きものなり」

（『稿本天理教教祖伝逸話篇』一七〇「天が台」）


これは、神社仏閣に鎮座まします神仏は、いかにその存在や霊験を誇示しても、また私たちがいかに熱誠こめて崇拝し祈願しても、所詮《しょせん》は親神様によって私たちの心の成人に相応して現された、実体のないシンボルとしての存在にすぎないこと、実在し現実に救済のうえに働いているのは、あくまでも元の神・実の神であらせられる親神様であることを教えられていると悟れます（このことは『稿本天理教教祖伝逸話篇』一〇「えらい遠廻《ま》わりをして」の「ここへお出《い》でたら、皆《み》んなおいでになるのに」とのお言葉に教示されています）。

しかし、このことは、これまでの神仏を通しての信仰、参拝やつくしが無駄であるということではありません。親神様は「ものだね」として受け取ってくださっております。

このような観点から思案しますと、結局、祖霊様を実在する霊としてではなく、人格化されたシンボルとして考え、私たち家族や子孫を見守ってくださっていると受け取る、このように本教の祖霊観を悟ることができると思われます。

教祖のおたすけ

（教祖は）お口で御自分のお手をお湿しになり、そのお手で全身を、
なむてんりわうのみこと　なむてんりわうのみこと
なむてんりわうのみこと
と、三回お撫《な》で下され、つづいて、又《また》、三度、又、三度とお撫で下された。ヤスは、子供心にも、勿体《もったい》なくて勿体なくて、胴身《どうみ》に沁《し》みた。
（『稿本天理教教祖伝逸話篇』一二九「花疥癬《かいせん》のおたすけ」）

教祖は明治七年（一八七四年）、四名の人に身上だすけのさづけを渡されていますが、ご自身はどのようにして、おたすけをされたのでしょうか。

この逸話に示されている明治十六年の、今川聖次郎《いまがわせいじろう》さんの長女・ヤスさんのおたすけ

は、明治二十三年九月二十七日に飯降おさとさんに渡された「撫でるさづけ」によるもので、そのときのおさしづに「撫でてやるのは分かろうまい。なむ天理王命、と三遍言うて、三遍撫でてやれ。心楽しみ内々ほん心だけ。長らえ尽《つ》くした理だけや。それで十分効くで、効かすで」と教示されています。

おさとさんは元治元年（一八六四年）五月、産後の患いをたすけられますが、そのときは散薬（ハッタイ粉と思われます）を与えられ、こかん様の三日の願いによるおたすけで、教祖による直接のおたすけは受けられていません。

このほかにも『稿本天理教教祖伝逸話篇』には、六七「かわいそうに」に、次のような教祖のおたすけが紹介されています。

抽冬鶴松《ぬくとうつるまつ》さんは幼少から身体《からだ》が弱く、持病の胃病が悪化して明治十二年、十六歳のとき危篤状態になります。初めておぢば帰りをし、戸板に寝たままのお許しを頂いて教祖にお会いし、教祖がお召しの赤い肌襦袢《はだじゅばん》を頭から着せていただきます。その後、さしもの難病も薄紙をはぐように快方に向かい、一週間の滞在で不思議なたすけを頂かれます。

また、一〇七「クサはむさいもの」には、次のようなおたすけが記されています。

明治十五年、梅谷タネさんの赤ん坊の頭の、膿《うみ》を持ったクサのおたすけのとき、教祖は、ご自分のお座りになっている座布団の下から、皺《しわ》を伸ばすために敷いておられた紙切れを取り出して、少しずつ指でちぎっては唾《つば》をつけて、一つ一つベタベタと頭にお貼《は》りくださいました。すると、二、三日後には、あれほどジクジクしていたクサも、教祖に貼っていただいた紙に付いて浮き上がり、ちょうど帽子を脱ぐようにして見事にご守護いただかれます。このとき、教祖は「オタネさん、クサは、むさいものやなあ」と、優しくお諭しになっています。このご守護には、タネさんの「むさくるしい心を使ってはいけない。いつも綺麗《きれい》な心で、人様に喜んで頂くようにさせて頂こう」との反省と、その後の熱心な人だすけがあったことは言うまでもありません。

ところで教祖は、「月日のやしろ」となられてすぐに、内蔵に約三年間、ほとんど毎日おこもりになります。この三年間については、井上昭夫《いのうえあきお》氏が『「こふき」のひろめ』で詳細に悟りを示されていますが、依然謎のままで、ひながたの起点を内蔵の三年からと見る文献は見当たりません。二代真柱様は、内蔵のなかで「月日の思いを練っておられた」、月日親神の「お言葉を人間にどういうふうに伝えたならばわかってくれるだろう」と教祖は考えておられた、と述べられています（『「こふき」のひろめ』357ページ参照）。

具体的には、どのように悟れるのでしょうか。

『正文遺韻抄』に次のように記されています。

「神様の仰せにしたがつて、黒のおめしものばかりめして、世帯の事には、更《さら》におかまひあそばされず、せんこ一本たて丶、なむてんりわうの命〳〵と、唱へてござつた」（37ページ）

「尤《もっと》も神憑《かみがか》りの時より、なむてんりわうのみこと丶となへて、教祖様は朝晩おつとめをなされたのでござります」（53ページ）

この、「なむてんりわうのみこと」と唱える「唱名のおつとめ」（仮称）は、どこでされたかと考えますと、母屋《おもや》の座敷や仏壇の間よりも、内蔵のなかと見るほうが自然ではないでしょうか。もしそうなら、教祖は内蔵の三年間、おつとめの伏せ込みをされたのではないでしょうか。

かぐらづとめの地歌は、立教から二十九年目の慶応二年（一八六六年）に、「あしきは

らひたすけたまへ　てんりわうのみこと」をはじめとして教えかけられますので、それまでのたすけの方便として「唱名のおつとめ」を教えられ、その伏せ込みを内蔵でされたと悟れないでしょうか。

『稿本天理教教祖伝逸話篇』三「内蔵」に、「この年（天保九年）、秀司の足、またまた激しく痛み、戸板に乗って動作する程になった時、御みずからその足に息をかけ紙を貼って置かれたところ、十日程で平癒《へいゆ》した」と記されています。これは、明治七年に渡された息のさづけとお息の紙のことと考えますと、教祖は内蔵において、

このたびハたすけ一ちよにかゝるのも
わがみのためしかゝりたるうゑ　三　44

と教示されますように、「さづけ」をわが子にためされるとともに、「さづけ」の伏せ込みをされたのではないでしょうか。

「唱名のおつとめ」によるおたすけについては、文久三年（一八六三年）、辻忠作さんが妹の気の間違いについて伺うと、教祖は「ひだるい所へ飯食《まま》べたようにはいかんなれど、

日々《にちにち》薄やいで来る程に」と仰せられ、線香一本が消えるまで拍子木をたたいて、そのつとめをするように教えられます。忠作さんは、線香を半分に折って勤めたところ、ご守護を頂けず、「つとめ短い」と忠告され、仰せ通りに勤めて、薄紙をはぐように次第にご守護をお見せいただかれます。同じ文久三年、飯田善六さんの子供のおたすけをされますが、どのようにしてたすけられたのかは分かりません。

この「唱名のおつとめ」によるおたすけは、数多くの方々に教えられたのでしょうか。『稿本天理教教祖伝逸話篇』にいくつか散見されます。

三六「定めた心」では、増井りんさんがソコヒになって失明しますが、「いんねん果たしのためには、暑さ寒さをいとわず、二本の杖《つえ》にすがってでも、たすけ一条のため通らせて頂きます」との心定めをして、三日三夜《みっかみよさ》の「唱名のおつとめ」によるお願いをして、全快のご守護を頂かれます。りんさんは、「針の芯」（赤衣《あかき》を仕立て、それでお守りを作られる中心となる者）として長年つとめられ、九十七歳まで長生きされ、出直されるまで針の糸をわが目で通されたといわれています。

四二「人を救《たす》けたら」では、「唱名のおつとめ」による願いによって榎本栄治郎《えのもとえいじろう》さんの娘の気の違いをたすけられています。

七二「救かる身やもの」では、泉東分教会の初代である村上幸三郎が、教祖から頂いたお水（水のさづけの水かもしれません）を、唱名しながら痛む腰につけることによって、三日目には夢のごとく痛みがとれるご守護を頂いています。

八五「子供には重荷」では、松井《まつい》けいさんの歯痛が、「唱名のおつとめ」と、茶碗《ちゃわん》の水を飲むことによって治まっています。

一〇〇「人を救けるのやで」では、小西定吉《こにしさだきち》さんが、「天理王尊《てんりおうのみこと》」と書いた紙を床の間に張り、「唱名のおつとめ」によって、不治と宣告された胸の患いをご守護いただかれています。

教祖は、身上のおたすけをこのようにされていますが、身上を通さない、間接的なおたすけ、お手引きもされています。

一四六「御苦労さん」には、次のような逸話があります。

明治十七年、佐治登喜治良《さじときじろう》さんは軍人として奈良に宿営しているときに教祖にお会いします。そして丁重に頭を下げてお辞儀したところ、「御苦労さん」と、お声を掛けていただきます。そのとき登喜治良さんは、得も言われぬ崇高な念に打たれ、お声を聞いた一瞬、神々しいなかにも慕わしく懐かしく、ついて行きたいような気になられたということです。後年「私は、その時、このお道を通る心を定めた。事情の悩みも身上の患いもないのに、入信したのは、全くその時の深い感銘からである」と述懐されています。

教祖のお徳によって入信を決意する、つまり「お手引き」であり、間接的なおたすけと悟れます。

また、九七「煙草畑《たばこ》」には「幻」の話があります。

明治十三年に不治の病をたすけられた村上幸三郎は、それ以来、席暖まる暇なくおたすけに明け暮れしますが、そのために田畑の仕事は作男にまかせきりになっていました。そんなおり、おぢば帰りをし、教祖にお見せいただいたのが、教祖のお袖の内側の「幻」であります。「幻」には、わが家の煙草畑に煙草の葉が繁茂している様子が見え、家に帰ってみると、その「幻」と全く同じであることを確認して、幸三郎は「安堵《あんど》の思いと感謝の喜びに、思わずもひれ伏した」と記されています。

教祖は、「月日のやしろ」としての威厳を示すために一種の超能力を見せられたのではなく、幸三郎の真剣なおたすけ活動を見抜き見通されて、その労をもったいなくもお労《ねぎら》いくだされ、喜ばせてくださった。つまり、これも教祖の間接的なおたすけと悟らせていただいています。

教祖は、おつとめとおさづけを教えられるまでの方便として、「唱名のおつとめ」、息のさづけ、撫でるさづけ等によって、多くの人々をたすけられますが、これは教祖のお徳、親心によるおたすけであります。教祖は私たちに、おつとめとおさづけとともに、ご恩報じとしての人だすけの行為によって、たすかっていくことを望んでおられるわけであります。

小さな埃は

「それはな、どんな新建《しんだ》ちの家でもな、しかも、中に入らんように隙間《すきま》に目張りしてあってもな、十日も二十日も掃除せなんだら、畳の上に字が書ける程の埃《ほこり》が積もるのやで。鏡にシミあるやろ。大きな埃やったら目につくよってに、掃除するやろ。小さな埃は、目につかんよってに、放って置くやろ。その小さな埃が沁《し》み込んで、鏡にシミが出来るのやで」

（『稿本天理教教祖伝逸話篇』一三〇「小さな埃は」）

このお言葉は、教祖が高井直吉さんに対して諭されたものですが、この逸話から、人だすけ、救済における大切なポイントをいくつか学ばせていただくことができます。

まず第一点は、人間というものは生きている限り、心のほこりと無縁ではあり得ないということです。「新建ちの家」とは、まだ人の住んでいない家のことで、このような家に埃が積もるということは、人間が何もせずじっとしていても、心に雑念が去来してくるということです。ましてや人の住んでいる古い家ともなると、つまり人間が一日中忙しく行動していると、どれだけ多く心のほこりを積むか分からないということになります。また、「新建ちの家」を聖人君子、悟りを開いた人、解脱《げだつ》した人と考えますと、そういう人でも心のほこりとは無縁でないことを教えられているように悟れます。

さらに、「目張り」とは外から埃が入らないようにするためのものですから、目張りをするということは、人間の心を誘惑する財産や名誉、地位などから離れること、つまり出家して俗世間との接触を一切断つことなどを意味すると考えますと、目張りなしで、つまり社会において人、物、金にとり囲まれて、外からの誘惑の多い生活をすると、どれほど多く心のほこりを積むか分からないということを教えられているのではないでしょうか。

このことは、教祖の次のようなお言葉からも悟れます。

「或人《ある》教祖様に伺候《しこう》して、恐れ多くも伺ひけるは『あなた様には、埃はござりますまいね』と申しけるに『それはな、わしでもなあ、かうして、べつまへだて、居れば、ほこりはつかせんで。けれども、一寸《ちょっと》、台所へ出ると、やつぱり埃がついてなあ』と仰せられしといふ」（『正文遺韻抄』152ページ）

このお言葉は、一見すると、教祖にも私たちと同じようなほこり、人間心が少しあるように受け取れますが、決してそうではありません。「わしは懺悔《さんげ》する事はないといへば、いきはないものやで」（同ページの註）とも仰せられていますが、私たちに、日々の生活において、どこにいても、いくらほこりを積まないようにしていても、知らないうちに積んでしまうということを、そのお言葉で教えようとされたと悟れます。「懺悔する事はない」ということは、自分には日々の生活において一切やましいことはない、ほこりとは無縁の心であるということで、そのことをいくら力んで強調しても、ほこりは自然と積んでしまうものです。それに気づかないでいると、いずれ時期が来ると大きな節を見せられ、さんげしなければならないようになりますよ、と教えておられると悟れます。

身の内かりもの〳〵と聞いた時だけ。一日経《た》ち十日経ち言うて居る間に、二十日経ち遂には忘れる。一寸箒《ほうき》を持って掃除するようなもの。初めは少しの埃でも掃除する。なれども、もう箒は要らんと言う。さあ積もる〳〵。（明治24・11・15）

常に心に置いておかなければならない、大切なお仕込みであります。

教祖は私たちに、これまでの教えのように無数の戒律を守り、罪を犯さない、執着心をもたない、つまり心のほこりを積まないというような消極的な道（ほこりは今生のみならず、前生、前々生のものもありますので、いくら自己の心の奥底を穴の開くぐらい凝視しても絶対に分かりません）ではなく、もっと積極的な、人だすけの実践を通してほこりを払う道を教えられたと悟れます。

従来の教え、たとえば新約聖書の山上の垂訓に見られる「だれでも、情欲をいだいて女を見る者は、心の中ですでに姦淫《かんいん》をしたのである」（「マタイによる福音書」第5章28）という教えは、「汝姦淫《なんじ》するなかれ」というモーゼの十戒の一つの戒律を不要にするほど、私たちに厳しい自省を迫ります。このような、単にほこりを積まないことを求める教えは、「小さな埃は」の逸話に示されるように、いかに努力をしても人間はほこりを積みますので、結局は、パウロの「わたしの欲している善はしないで、欲していない悪は、これを行っている」(「ローマ人への手紙」第7章19)という嘆息、人生への絶望へと、私たちを導かざるを得ないように思われます。

仏教では、心の汚れ、煩悩《ぼんのう》から業《ごう》(行為)が引き起こされ、生老病死《しょうろうびょうし》の四苦に、愛別離苦《あいべつりく》(愛する人と別れる苦しみ)、怨憎会苦《おんぞうえく》(いやな人に出会う苦しみ)、求不得苦《ぐふとくく》(望むものを得られない苦しみ)、五陰盛苦《ごおんじょうく》(心身全体の苦しみ)の四苦を加えた八苦が生じると教えられます。出家して深山幽谷に入り、厳しい命がけの修行をしても、人間はわが身わが心から離れることができません。それゆえに、ほこりを積まないことはほとんど不可能であり、業は宿業《しゅくごう》へと変わり、宿命論、運命論、決定論となって、救済はこの世においては不可能となり、あの世、彼岸において抽象的にしか成就《じょうじゅ》されないということになります。

結局、人間はいかに努力しても心のほこりとは無縁ではあり得ませんので、教祖は「小さな埃は」の逸話によって、私たちが現在積みつつあるほこり、これまで積んでききた前生からのほこりに捉《とら》われ、その前に立ち尽くし絶望するのではなく、ほこりを日々どれだけ払っているか、また、たすけ一条の心定めによって、これから払おうとしているかが大切であることを教えられたと思われます。

第二点は、おたすけの場面でのお諭しに関するものです。高井直吉さんは、おたすけに行って身上患いについてのお諭しに困り、教祖にお伺いしたときに仰せいただかれたのが冒頭のお言葉であったわけです。

これまで、いや現在でも間違ってされやすいのが、身上患いについての次のようなお諭しです。たとえば、がんを患う人は頑固で周りの人と合わせる心がない、肺病の人は素直にハイと言えず高慢である、というように、○○病は○○が悪い、間違った心づかいをしているからだとか、○○のいんねんである（いんねんであると言うだけでは、そうなるのは必然的、当たり前と言っているにすぎず、何の諭しにもなっていません。また、世間では病気を悪霊や祟《たた》りというような外来のものに起因すると見なし、それを悪用して人々を恐怖に陥《おとしい》れているような宗教もあります）というようなお諭しですが、教祖はそのようなお諭しを一度もされていません。

それは、お諭しが不必要だからではありません。ほこりについてお諭しをするときは、ある特定のほこりを相手に言うのではなく、人間というものは知らないうちにほこりを積んでしまうものであるという、ほこり全般に関する話や、また、そもそも、なぜほこりの心が生まれてくるのかという話をまずします。そして、その人のほこりについては優しく諭すことよって、その人にこれまでの通り方を自主的に反省してもらい、さんげしてもらうことを、教祖は「小さな埃は」の逸話を通して教えようとされたのだと悟れます。

『稿本天理教教祖伝逸話篇』一〇七「クサはむさいもの」で、教祖は頭一面にクサのできた赤ん坊のおたすけに際して、母親の梅谷タネさんに、「オタネさん、クサは、むさいものやなあ」と諭されています。具体的な心づかいや、いんねんのようなことは一切仰せになっていません。

「むさいものやなあ」という優しいお言葉を聞いて、タネさんはハッと自分のむさくるしい、綺麗《きれい》でない心を反省するとともに、それから人に喜んでもらえる人だすけの心を定めます。そして、子供に鮮やかなご守護を頂かれるわけです。教祖のこのようなお諭しの仕方を学ばせていただかねばなりません。

また、一九九「一つやで」では、教祖は脹満《ちょうまん》の本田《ほんだ》せいさんに対して、「おせいさん、おせいさん、あんた、そのお腹《なか》かかえているのは、辛《つら》かろうな。けど、この世のほこりやないで。前々生から負うてるで。神様が、きっと救《たす》けて下さるで。心変えなさんなや。なんでもと思うて、この紐《ひも》放しなさんなや。あんた、前々生のことは、何《な》んにも知らんのやから、ゆるして下さいとお願いして、神様にお礼申していたらよいのやで」と、涙が自然と出てくるような優しいお言葉を掛けておられます。

「前々生から負うてるで」と言われる、三代積み重ねたほこりとは、仏教では宿業、キリスト教では原罪と呼ばれるようなもので、そこから絶対に逃れることのできないものと見なされていますが、教祖はそのようなことについては、それを知っておられても一切言及されずに、あんたは何も知らんのやから、ゆるしてくださいとお願いしていたらよい、とお諭しになっておられます。「この紐放しなさんなや」とは、この信仰を続けなさいよ、という意味と悟れます。

この慈悲心あふれる親心を強烈に感じ取り、せいさんはジッとしておれず、その後どんな寒中でも水行しておたすけを続けるようになられます（その後、ご守護を頂かれるようになるまでの展開については、「一つやで」に詳しく紹介されています。教祖の「生きて出直し」とのお言葉を心に留めていただきたいと思います）。

このような、病人への教祖のお諭しを学ばせていただきますと、特定のほこりやいんねんを、相手に直接言うことは相手を責めることになり、かえっていずませてしまうことになると思われます。たとえ相手がその諭しを受け入れても、それは恐怖心からの受け入れであって、それで病気をご守護いただいても、そのような信仰は続いていかないと思われます。また病気が再発したときに、教祖とは異なる親心のないような諭しでは、もはや相手の人は聞き入れてくれないように思われます。

おさしづに、次のように厳しく諭されています。

よそのほこりは見えて、内々のほこりが見えん。
人が障りがあればあれほこりやと言う。どうも情《なさけ》無い。日々の理が辛《つら》い。
（明治24・11・15）

身の内苦しんで居る処《ところ》を見て尋ねるは、辛度《しんど》の上に辛度を掛けるようなもの。
（明治22・10・9）

この「尋ねる」とは、相手のほこりを尋ね、詮索《せんさく》することと考えますと、ほこりやいんねんの教理は、あくまでも自分の日々の心づかいを反省するために使うべきであって、相手を責める道具として使うことを厳しく戒められていると悟れます。
（明治25・11・19）

教祖の親心あふれるお諭しとは違った諭し、相手をいんねんで脅すような、恐怖心を与えるような諭しをしても、ご守護を頂けるときもあるかもしれませんが、それはその諭しが正しいからではなく、ご恩報じの行いや人だすけによってであって、諭しそのものによるわけでは決してありません。この点は絶対に忘れてはいけない、おたすけの大切なポイントであります。

おたすけにおいてお諭しをする人は、日々おつとめとおさづけによって心を澄みきらせる努力をし、まず親神様、存命の教祖にお勇みいただくことが先決であって、それによって初めて、相手の人に勇んでもらえるようなお諭しができるようになると思われます。

第三点は、おたすけ人の真実に関してです。

高井直吉さんは、お屋敷から三里離れた所へおたすけに行き、お諭しに行き詰まって一度お屋敷に戻り、教祖にお伺いして再びおたすけに行かれています。つまり、おたすけのためにお屋敷と相手の家を二往復、約四十七キロ歩き、丸一日を費やしておられます。この、なんとか相手の人にたすかってもらいたい、そのためにはどんな苦労もいとわないという真実に、親神様が働かれて、相手が「よく分かりました。悪い事言って済まなんだ」と詫《わ》びを入れて信心するようになり、身上のご守護を頂かれたと悟らせていただきます。

増井りんさんは、次のような堅い心定めをされています。

「こうして、教《おしえ》の理を聞かせて頂いた上からは、自分の身上はどうなっても結構でございます。我が家のいんねん果たしのためには、暑さ寒さをいとわず、二本の杖《つえ》にすがってでも、たすけ一条のため通らせて頂きます。今後、親子三人は、たとい火の中水の中でも、道ならば喜んで通らせて頂きます」（『稿本天理教教祖伝逸話篇』三六「定めた心」）

りんさんは、教祖から「神が用に使おうと思召《おぼしめ》す者は、どうしてなりと引き寄せるから、結構と思うて、これからどんな道もあるから、楽しんで通るよう。用に使わねばならんという道具は、痛めてでも引き寄せる」「さあ〳〵その定めた心を受け取るで。楽しめ、楽しめ、楽しめ」とのありがたいお言葉を頂いておられます。

このように考えますと、「小さな埃は」の逸話は、おたすけ人もほこりの多い人間であることを常々反省させるとともに、お諭しによって相手を責めることなく、勇ませ、真実を尽くすことによって真のおたすけができることを教える逸話であり、私たちへの厳しいお仕込みでもあると受け取ることができると思います。

おいしいと言うて

「皆《み》んなに、おいしいと言うて食べてもろうて、今度は出世しておいでや」

「皆んなも、食べる時には、おいしい、おいしいと言うてやっておくれ。人間に、おいしいと言うて食べてもろうたら、喜ばれた理で、今度は出世して、生まれ替わる度毎《たびごと》に、人間の方へ近《ちこ》うなって来るのやで」

（『稿本天理教教祖伝逸話篇』一三二「おいしいと言うて」）


このお言葉は、お屋敷で勤めている人々が小川でとってきた泥鰌《どじょう》、モロコ、エビなどを甘煮《うまに》にして、教祖にお目にかけたときに仰せられたものです。

また、次のような教祖のお言葉もあります。

「生物《いきもの》は、みな人間に食べられて、おいしいなあといふて、喜んでもらふで、生《うま》れ変《かわ》るたび毎に、人間の方へ近うなるのやで。さうやからして、どんなものでも、おいしい〳〵と云《い》ふて、たべてやらにやならん。なれども、牛馬といふたら、是《こ》れはたべるものやないで、人間からおちた、心のけがれたものやでなあ」（『正文遺韻抄』155ページ）

このお言葉を文字通り受け取りますと、動物から人間への進歩と、人間から動物への退歩があるということになりますが、どうでしょうか。

たん〳〵とをんかかさなりそのゆへハ
きゆばとみへるみちがあるから　八 54

このお歌を、「人間が来生、牛や馬に生まれかわるかどうかということに焦点があるのではなくして、私たちが死んでも地獄や極楽や天国などへ行くのではなく、生まれかわり出かわりして生き続けていくことを示されている」と受け取る見方があります。

また、教内には次のような、出所不明の話を論拠にした牛馬論がありますが、信憑《しんぴょう》性は極めて低いと思われます。

「後日、御神憑《しんぴょう》あらせられて或《ある》日のこと、白牛が御屋敷の前を通った。御教祖は

『あれはおかのの生《うま》れ代《かわ》りや』

と仰せられ、その牛に近寄って、

『お前もこれで因縁果《いんねんは》しをしたのや』

と人に諭すが如《ごと》くに優しくお聞かせになった。

間もなくその白牛は死んだといふ」

この話は、山本利雄氏が『続人間創造』（203ページ）に、『復元』第二十九号からの引用として使われていますが、これについては山澤為次氏が『復元』第三号において、「恐らくこれは誰かゞ言ひふらした作り話ではあるまいか」（42ページ）と述べられています。

私見では、本教の教理や教祖のお言葉、お諭しから考えますと、人間から動物への転生、動物から人間への進歩はないと悟らせていただいています。先述の「おかのの牛への転生に」ついて考えますと、おかのとは、教祖が「月日のやしろ」になられる以前にお屋敷にいた女衆《おなごし》で、教祖の夫・善兵衛様の寵愛《ちょうあい》をよいことに、教祖をなきものにしようと毒殺を企てた女ですが、そのときに教祖は、おかのを責めるどころか、苦しい息の下から、「これは、神や仏が私の腹《おなか》の中をお掃除下されたのです」と仰せられ、反対に許されています（『稿本天理教教祖伝』16～17ページ参照）。その教祖が、おかのが牛になって生まれかわり、その牛に「お前もこれで因縁果しをしたのや」と諭されたとは思うことができません。

教祖の、子供可愛《かわい》い、子供をたすけずにおれない親心は、『稿本天理教教祖伝逸話篇』に見られます、おたすけにおけるお諭しをよく吟味しても分からせていただけるはずです。

「にんげん《人間》わちよほなるもの《重宝者》で、よふきゆうさん《陽気遊山》を見て、そのたなにごと《他何事》もみ《見》られる」（『こふきの研究』109ページ）、「反対する者も可愛我が子、念ずる者は尚《なお》の事」（明治29・4・21内務省訓令発布相成りしに付、心得まで伺）から考えても、忘恩の徒を牛馬に落とすことは、親神様・教祖のお慈悲とは思えないからです。

平安時代初期のわが国初の仏教説話集『日本霊異記《にほんりょういき》』（景戒《けいかい》著）に、貪欲《どんよく》な女が死後、腰から上が牛の「牛頭人」となって甦《よみがえ》る話があります（『日本霊異記（下）』ちくま学芸文庫、194～195ページ参照）。しかし、このような話は、まだ心の成人ができていない者に勧善懲《かんぜんちょう》悪《あく》を勧める、単なる寓話《ぐうわ》、例え話にすぎないと思われます。現代では、仏教でも輪廻転《りんねてん》生《しょう》を教え、人間から牛馬への転生を説くような宗派はありません。ほとんどが死後の地獄を説かず、あの世や浄土での至福、永遠の生を教えています。

言うまでもなく、本教教理の根幹は陽気ぐらしであり、いんねんの教理もこれに基づいて考えられねばなりませんが、従来のいんねん論は、どちらかというと仏教的な因果応報と同じようなものとして、したがって、おふでさきの「きゆばとみへるみち」も文字通り牛馬道として、忘恩の徒に対する罰のようなものと見なされ、説かれてきたのではないかと思われます。

たとえば、肺結核の人に対して、肺の病気によって来生牛馬になることを知らされているのであるから、普通の人間らしい生活を捨て、土間にむしろを敷いて寝ることによっていんねんの納消《なっしょう》ができる、というような諭しがなされ、それなりの布教上の効果をあげてきたのではないかと思います。しかし、このような説き方は、本教教理の根本から少し外れているように思われます。

牛馬道とは牛馬そのものではなく、あくまでも人間として生まれながら、牛馬のように人間的自由を失った姿、人間の心を神の思い通り使うことのできない姿で生きなければならないこと、と悟れます。

それでは、冒頭の教祖のお言葉によって、何を教えられているのでしょうか。

次のような受け取り方があります。

「私たち人間は生き物を殺して食べることが許されているとはいえ、それは必ずしも無条件ではないのであります。その条件というのは、せっかく、いのちあるものを食べることを許されているのだから、そのかわり、おまえたち人間はそれに十分感謝し、それによって得られたエネルギーをもって互いにたすけ合って生きるように努力をせよ、と親神様はいうておられるように思われます」

（西山《にしやま》輝《てる》夫《お》著『ひながたを身近に』187ページ）

もう少し詳しく考えてみたいと思います。

教祖は晩年になられてから「元の理」を、多忙なとき、また深夜に、熱心な少数の人々を相手に繰り返しお話しなされたと伝えられています。「動物の進歩」も、この「元の理」を念頭に置いて話されたのではないかと考えますと、もっと深い解釈ができるのではないでしょうか。

『正文遺韻抄』のなかの「人間の数に就《つい》て」（153ページ）に出てくる、「いきものが出世して、人間とのぼりてゐるものが沢山《たくさん》ある」「人間にひき上げてもらうたものが、沢山にあるで」などは、動物が人間に近づき、人間に生まれかわることを明示しているように見えますが、実は人間と生き物、動物の関係を示唆しているのではないかと思われます。

従来、動物は人間よりはるかに下等な生き物であり、人間にとっては単なる手段としての意義しか持たないものと見なされてきました。このことは、動物を意味する畜生という言葉の使われ方を一瞥《いちべつ》するだけでも明らかです。教祖は、このような不遜《ふそん》な考え方を先のお言葉によって、まず改めさせようとされたのではないかと思います。

「いきものが出世して、人間とのぼりてゐる」「人間の方へ近うなる」などから、人間と生き物との間に断絶はなく、連続した親しき関係にあることが分かりますが、このような考え方は、単に生き物を大切にしようとの動物愛護や、人間と動物とを同列に見る人間性軽視の考え方などではありません。あくまでも人間と生き物の本質的区別を認めつつ、両者の関係を、従来の主従の関係から正当な関係へと戻す見方であります。

もう少し詳しく見てみましょう。

まず、キリスト教の旧約聖書を見ますと、「神はまた言われた、『われわれのかたちに、われわれにかたどって人を造り、これに海の魚と、空の鳥と、家畜と、地のすべての獣と、地のすべての這《は》うものとを治めさせよう』。神は自分のかたちに人を創造された」（「創世記」第1章26〜27）という天地創造の有名な一節があります。ここからは、人間と生き物とは主従関係であり、生き物は人間の意のままに使役されるにすぎないとの見方しか出てきません。「地のすべての獣と、地のすべての這うものとを治めさせよう」とは、まさにそのことを示しています。極論すれば、現代の自然や環境の破壊の根底にある考え方であるともいえるのではないかと思われます。

これに対して、本教の「元の理」においては全く異なった考え方が示されています。「五分《ぶ》から生《うま》れ、五分五分と成人して八寸になつた時、親神の守護によつて、どろ海の中に高低《たかひく》が出来かけ、一尺八寸に成人した時、海山《うみやま》も天地も日月《じつげつ》も、漸《ようや》く区別出来るように、かたまりかけてきた」「次いで、五尺になつた時、海山も天地も世界も皆出来て、人間は陸上の生活をするようになつた」
（『天理教教典』29ページ）

ここに見られますのは、キリスト教のように自然、環境、他の生き物がまず出来て、それから人間が創造されたとの見方ではなく、人間の成人と海山、天地、世界（他の生き物を含む）の発展とが並行して進んできたとの、従来見られない画期的な見方です。このような視点に立つことによって初めて、これまで西欧を支配してきた「人間は万物の尺度である」という考え方や、人間至上主義から脱却できるのではないでしょうか。また、世界的な問題となっている自然環境の破壊や、異常気象の解決に向かって歩を進めることができるのではないかと思われます。

本教において、十全の守護の説き分けは、身の内の守護と世界の守護が一対となっています。これも、人間と世界が同じ素材から成り立ち、同じ理法によってつながっていること、同じ神の働きによって一貫していること、したがって人間も他の生き物も親神様の「懐住まい」をし、親神様によって等しく生かされ、互いに有機的に連関し合い、たすけ合っていることを、間接的に教示するものであるということができます。

もう一点は、「動物の進歩」によって、人間の生命のかけがえのなさ、ありがたさが教えられているように悟れます。

「元の理」によりますと人間は、「人間のたね」から「虫、鳥、畜類などと、八千八度《やたび》の生れ更《かわ》り」、九億九万年の「水中の住居《すまい》」、六千年の「智慧《ちえ》の仕込み」、三千九百九十九年の「文字の仕込み」を受けて初めて誕生します。

また、人間の生命には、その生命がたどった約三十八億年の生命の歩みの歴史が刻まれ、現在でも息づいているといわれています。

「個体発生は系統発生を繰り返す」（受精から始まる胎児の成長過程は、約十億年にわたる進化の過程を、十月十日《とつきとおか》の間に母胎のなかで繰り返す）と教えられることの内容の一部を、解剖学者の三木成夫《みきしげお》氏は「子宮のなかの上陸劇」と呼び、次のように述べています。

「私たちの遠い祖先は、古生代の終わりに、それまでの長い波打際の生活を捨て、上陸を敢行したといわれる。この一億年に及ぶ上陸のドラマが受胎一カ月後の一週間に、子宮の羽二重の褥《しとね》を、いわば檜舞台《ひのきぶたい》として演じられる。胎児のからだはその間、小豆からソラ豆大に成長するが、その時、首すじに刻み込まれた鰓《えら》の形象は、耳の穴を残して消え、その魚類を思わせる顔は、またたく間に、両生、爬虫類《はちゅうるい》のそれを経て、哺乳類獅子頭の相貌にまで、劇的な変身を遂げるのである」（『内臓とこころ』河出文庫、191ページ）

それよりも神のしゆことゆうものわ
なみたいていな事でないぞや　四　125
これからわ神のしゆごとゆうものハ
なみたいていな事でないそや　六　40

人間を創造し育て、丹精し、今も守護することは、絶対者で全知全能の親神様にとってても簡単なことではなく、「並大抵なことでない」骨の折れるご苦労であり、それゆえに人間のいのちは、親神様の守護の結晶であり、感謝せずにおれない至宝でもあることを教えられていると悟れます。

最後に、少し気になります、先に引用しました教祖の次のようなお諭しの意味について思案してみたいと思います。

「なれども、牛馬といふたら、是れはたべるものやないで、人間からおちた、心のけがれたものやでなあ」

このお言葉で私たちに、単に牛馬の肉食を禁止されたのでしょうか。牛馬とは前生で忘恩の道を通った人間の生まれかわりであるので食べてはいけません、と受け取って、菜食主義に徹することも可能ですが、私たちは日々、肉食を楽しんでおります。

では、そのお言葉で何を教えようとされたのでしょうか。

親鸞は、肉食のときは墨染めの袈裟《けさ》を着たそうですが、これについては「これ（袈裟）を着用しながらかれ（魚鳥）を食せば、袈裟の徳用をもて済生利物《さいしょうりもつ》の願念（衆生《しゅじょう》救済の願い）をやはたすと存じて、これを着しながらかれを食する物なり」（ひろさちや著『親鸞と道元』徳間書店、129ページ）と述べています。殺生が厳しく禁止されている仏教において、不殺生を説く僧侶でありながら、衆生、人間を含む生き物一切を成仏《じょうぶつ》させるために袈裟を着て肉食をしているわけです。

教祖がご在世であられた明治初期のころは、まだ仏教の影響が強く、肉食（牛豚など）は殺生と考えられ、あまり普及していなかったように思われます。肉食は殺生である、動物の命を頂くことである（山本利雄著『いのち』に、「わたしたちは、涙を流し死んでいった牛の肉を食べて、その生命を維持しているのである」〈20ページ〉という話が出てきます）、人間に抵抗する動物の尊い命の犠牲によって私たちの命が維持できる、そのことをゆめゆめ忘れてはいけませんよ、少しは殺生による罪の意識を持ちながら肉食しなさいよ、どんな肉でも文句を言わず「おいしいと言うて」食べなさいよ、ということを、教祖は先のお言葉で教えようとされたのではないでしょうか。

このように見てきますと、一見不可解に思える教祖のお言葉も、極めて現代的な意義をもつのではないかと悟れます。

一れつきょうだい

「世界は、この葡萄《ぶどう》のようになあ、皆、丸い心で、つながり合《お》うて行くのやで。この道は、先永《なご》う楽しんで通る道や程に」

（『稿本天理教教祖伝逸話篇』一三五「皆丸い心で」）

せかいぢういちれつわみなきよたいや
たにんとゆうわさらにないぞや　十三　43

どんな者こんな者、者区別は無い。並んで居る者皆兄弟、一家内《ひとかない》なら親々兄弟とも言う。それ世界中は兄弟……。（明治32年8月6日）

一れつきょうだいについて考える前に、元初まりのお話のなかの、子数の産みおろしについて見てみましょう。「十六年本・桝井本」に、次のように記されています。

「人かす《数》九億九万九千九百九十九人のうち《内》、やまと《大和》のくに《国》ゑうみ《産》しろした《下》る人げん《間》わにんほん《日本》の地に上り、外ゆくに《の国》ゑうみ《産》おろし《下》たる人間わじき《食》もつ《物》をくい《食》まわり《廻》、から《唐》、てん《天》しく《竺》の地あかり《上》ゆき《行》たものなり」（『こふきの研究』138～139ページ）

「日本の地」での産みおろしについては、奈良・初瀬《はせ》七日、大和の国中《くになか》四日、山城《やましろ》・伊《い》賀《が》・河内《かわち》十九日、残る日本中四十五日の、合計七十五日かかったと記されていますが（同135ページ参照）、「外の国」については何も示されていません。

『天理教教典』第三章「元の理」では、第二、第三の宿し込み、産みおろしがありますが、この二つの産みおろしの場所については「しよしよ《諸処》ゑうみ《産》おろし《下》まわり《廻》」（同136ページ）という記述があります。また、三度の産みおろし場所について「一みや、弐《二》はか《墓》、三原《はら》」（同137ページ）との説がありますが、意味は定かでありません。

「七十五日かかって、子数のすべてを産みおろされた」（『天理教教典』28ページ）という説明は、あくまでも第一回の産みおろしについてと思われますが、いずれにしましても、五分から生まれた子数が「一尺八寸に成人した時、海山《うみやま》も天地も日月《じつげつ》も、漸《ようや》く区別出来るように、かたまりかけてきた」（同29ページ）との記述から考えますと、七十五日や地名などの具体的な数字、名前は、深遠な内容を少しでも分かりやすくするためのイメージや方便であったのではないでしょうか。

また、産みおろされたものは狭義の生命体と考えられやすいのですが、もしそうなら、親神様はそれまでに天地自然界を創造し、生命体を造り始めるための環境を整えなければなりません。しかし「元の理」では、人間の始まりはこの世宇宙の始まりで、「五尺になった時、海山も天地も世界も皆出来」（同29ページ）たと教えられますように、人間と世界の成人・成長は同時ですので、狭義の生命体と考えることはできません。「どじよふ人間のたま《魂》ひとして」（『こふきの研究』135ページ）との記述もありますので、霊的とも生物的ともいえるような存在のように思われます。

いずれにしましても、世界中の人間は、国籍や皮膚の色が違っても、陽気ぐらしをするために親神様によって創造された子供であり、お互いに兄弟姉妹であるということが一れつきょうだいの意味ですが、一れつきょうだいには、ほかにも違った解釈が考えられます。

科学者であり、よふぼくでもある村上和雄《むらかみかずお》氏は、次のように述べられています。

「天理教で言う『一れつきょうだい』というのは、世界人類みな兄弟姉妹《きょうだい》ということだけではなくて、私は、生き物すべてが親神様から見れば兄弟姉妹であるということだと思いますね。遺伝子暗号の基本的なものが全く同じである、遺伝子暗号の解読表が大腸菌から人間まで全部通用するということは、生き物には共通の法則が働いているということ。つまりそれは、共通の親を持っているということ。こういうふうに考えると、この『一れつきょうだい』という教えは、人類みな兄弟姉妹やという教えをさらに超えるのではないかと思います」（『科学者が実感した神様の働き』127ページ）

このような解釈は、天台宗の本覚《ほんがく》思想（「山川草木悉皆成仏《さんせんそうもくしっかいじょうぶつ》」という言葉で表されるもので、人間のみならず、すべての生きとし生けるもの、山や川のような無機物に至るまで成仏できるという思想）にも通じるものであり、自然環境破壊が進み、生命が軽視され、心の荒廃が大問題となっている現代において、まさに必要とされる考え方ではないかと思われます。

ところで、このような一れつきょうだいはあまりにも高尚で遠大なものであるため、抽象的で現実離れしたものになりやすいかもしれません。これに対して、もう少し具体的に思える一れつきょうだいの見方があります。

親鸞は、『歎異抄《たんにしょう》』第五条で次のように述べています。

「父母《ぶも》の孝養《こうよう》のためとて、一返にても念仏まふしたることいまださふらはず。そのゆへは、一切の有情《うじょう》はみなもて世々《せせ》生々《しょうじょう》の父母兄弟なり」

これは、「なくなった父母の追善供養のためだといって念仏をしたことは一度もございません。といいますのは、すべての生きものは、因果の理によって、いったん死んでも、また別の形で生まれかわってくるものでありますから、長い長い前世においては、すべての生きとし生けるものは、いつかはわが父母であり、わが兄弟であったことは必ずあると思われるのです」（全訳注梅原猛《うめはらたけし》『歎異抄』講談社学術文庫、38ページ）という意味です。

ここに、人間から動物への生まれかわり、また、その逆の生まれかわりがあるかという問題はありますが、ここではふれないでおきましょう。人間から人間への生まれかわりだけを考えますと、人間の誕生には両親が必要です。両親の二人が誕生するにも、それぞれ二人ずつの両親が必要です。というように、十代前までさかのぼりますと、一千二十四人の親が、さらにさかのぼりますと、もっと多くの親が必要となります。

そして、その親々、その兄弟が生まれかわりしているわけですから、いまこの世に生きている人のなかには、前生で私の親や兄弟であった人が無数にいるということになります。

教祖は、上田ナライトさんに「待ってた、待ってた。五代前に命のすたるところを救《たす》けてくれた叔母《おば》やで」（『稿本天理教教祖伝逸話篇』四八「待ってた、待ってた」）と仰せられています。

これは、教祖がこの世に生まれかわりされているということを間接的に示すものではなく、私たちの身の回りの人間関係は、生まれかわりという視点から見ると複雑に入り組んだものであり、今生では赤の他人や嫌《いや》な敵と思われる人が、前生では身内であったり恩人であったりすることを教えられていると悟ることができます。

したがって、おたすけの際には、どのような相手であっても、前生いんねんからは自分をたすけてくれた恩人であると悟って、その人に恩返しをするつもりでおたすけをさせていただくことを、教祖はお諭しくだされたのではないでしょうか。

これから八月日たのみや一れつわ
心しいかりいれかゑてくれ　十二 91

この心どふゆう事であるならば
せかいたすける一ちよばかりを　十二 92

「月日たのみ」と仰せになる人だすけも、生まれかわりに基づく一れつきょうだいの観点から見れば、前生で親や恩人であった人へのご恩返しであり、しなければならないことではなく、せずにおれないこととして、より勇んでさせていただけるのではないでしょうか。

慎み

「物は大切にしなされや。生かして使いなされや。すべてが、神様からのお与えものやで」

（『稿本天理教教祖伝逸話篇』一三八「物は大切に」）

慎《つつし》みが理や、慎みが道や。慎みが世界第一の理、慎みが往還や程に。

（明治25年1月14日）

慎みの心が元である。

（明治28年5月19日）

天理教の掲げる陽気ぐらしのキーワードに、「感謝　慎み　たすけあい」があります。そのなかで、「慎み」は「たすけあい」と比べて、消極的で古臭いような印象のある言葉ですが、現代において見失われつつある価値をもつものです。

村上和雄氏は、「『慎み』こそ、新時代の人間のライフスタイルをつくり出し、〝陽気ぐらし文明〟を構築していく重要な柱の一つになる」（『陽気ぐらしの遺伝子』252ページ）と述べられています。

氏は生命科学の立場から、昭和六十年の科学万博で話題となった、一粒の種《たね》から一万個以上の実をつけたトマトを例に挙げ、「慎み」を説明されています。

トマトには、一粒の種から一万個以上の実をつける潜在能力はあっても、自然界には生物相互の関《かか》わり合い、生物と自然との関わり合いのなかで最適規模・最適値が微妙なバランスのもとに保たれているので、ふつうは多くても十数個の実しかつけない。つまり、自ら〝慎んでいる〟と考えられます。もし、すべての植物が持っている潜在能力を無限に発揮したら、自然の生態系は崩れ、生物の存在、人間の存在が危機に瀕《ひん》するかもしれません。土という自然の力によって、植物の世界は適正な規模が守られているというわけです。

人間のDNAにおいても、実際に遺伝情報として使われているのは全体の二、三パーセントにすぎず、複雑な生命体ほど無駄と思われる部分を多く内包していて、環境の変化に柔軟に対応していると氏は述べられています。
また、氏は「科学技術を発達させ、際限なく生産の拡大をはかるだけでは、人類はいつしか行き詰まる。それは、次の世代が与わるはずの〝とりめ〟を、いまに食い潰《つぶ》す行為にも等しい。遺伝子の世界からいえば、驕《おご》り高ぶる〝利己的遺伝子〟の暴走をコントロールし、自分以外の他者のために生きる〝利他的遺伝子〟のスイッチをオンにしなければ、人類の未来は開かれない。そのキーワードが、ほかならぬ『慎み』なのである」（前掲書同ページ）という提言を力強くされています。

次に、慎みの教理的根拠について見てみましょう。

たん〳〵となに事にてもこのよふわ
神のからだやしやんしてみよ　三 40・135

このお歌の「神のからだ」を神の生命と考えますと、人間の身体《からだ》のみならず、この世の一切のものは神の生命を分け持つものであるゆえに、神聖で無限の価値をもつ尊いもの、絶対に無駄にすることの許されないもの、ということができます。

キリスト教の新約聖書に、「栄華をきわめた時のソロモンでさえ、この花の一つほどにも着飾ってはいなかった。きょうは生えていて、あすは炉に投げ入れられる野の草でさえ、神はこのように装って下さる」（「マタイによる福音書」第6章29、30）という一節があります。神の無限の慈愛に気づき、目覚めるとき、巨億の富もその価値を小さくし、野の花の価値にも及ばないものになってしまいます。この価値の転換において、真に慎む心が自然と生まれてくるように思われます。

また、与えについて、次のように教示されています。

天のあたゑというは、薄きものである。……薄きは天のあたゑなれど、いつまでも続くは天のあたゑという。（明治21・9・18）

どんな所で住むといえども皆あたゑだけのもの。（明治23・12・17）

現在、私たちは科学技術文明の恩恵に浴して、あまりにも恵まれすぎた生活をしていますが、その生活が陽気ぐらしに結びついていないのは、「天のあたゑ」を無視した「我《われ》さえよくば、今さえよくば」という強欲のほこりが、知らないうちに積もり重なっているからではないでしょうか。

なにもかもごふよくつくしそのゆへハ
神のりいふくみへてくるぞや　　二 43

次に、慎みの実践について考えてみましょう。

教祖は「菜の葉一枚でも、粗末にせぬように」「すたりもの身につくで。いやしいのと違う」(『稿本天理教教祖伝逸話篇』一一二「一に愛想」)と、慎み、質素、倹約を教えられています。

また、他の人への言葉づかいについても、「あいそづかしや、すてことば、切口上《きりこうじょう》は、おくびにもだすやないで」(『正文遺韻抄』78ページ)、「神に切る神は無い。なれど切られる心はどうもならん。仇言《あだこと》にも捨言葉《すてことば》神は大嫌い」(明治24・1・28)、「言葉一つが肝心。吐《つ》く息引く息一つの加減で内々治まる」(『稿本天理教教祖伝逸話篇』一三七「言葉一つ」)等によって言葉の慎みを教えられています。

物への慎みの表現である「もったいない」という言葉は、日本では死語に近いものとなっていましたが、ケニアの環境保護活動家でノーベル平和賞を受賞したワンガリ・マータイさんによって、環境保全の合言葉として世界的に知られるようになりました。

マータイさんは二〇〇五年三月、国連の「女性の地位委員会」閣僚級会議での演説で「もったいない」という言葉を紹介し、会議の参加者と共に唱和しています。その日の演説では、日本語の「もったいない」は、消費削減（Reduce）、再使用（Reuse）、資源再利用（Recycle）、修理（Repair）の四つのRを表している、と解説しています。そして、「もったいない」には自然や物に対する敬意や愛の意思が込められており、世界の主要言語には、これに相当する言葉、四つのRを一語で表せる言葉は見つけることができないと述べています。

「もったいない」の実践とは、物の節約や始末、物を最後まで生かして使うことになりますが、その理由が、地球上の資源は有限であるからとなりますと、我慢や辛抱と同じになってしまいます。資源が有限だから節約するというのは、資源が無尽蔵ならば、浪費は美徳へと簡単に反転する可能性があります。

これに対して「もったいない」は、資源が有限か無尽蔵かにかかわらず、自然は「神のからだ」で、物はその一部であり、人間に所有権のない借りものであると悟ることから、おのずと生まれます。神から与えられるものですから、その恩を感じて大切にせずにはおれないという報恩が、「もったいない」の本質としてあるのではないでしょうか。

また、物は人と人をつなぐものですので、物を大切にすることは人を大切にすることにもなり、どんな人にも思いやりをもって接する（『稿本天理教教祖伝逸話篇』一一二「一に愛想」に「人間の反故《ほうぐ》を、作らんようにしておくれ」というお言葉があります）という、人だすけにつながるのが真の「もったいない」ではないでしょうか。


教祖は、慎みによって私たちに、単に清貧の思想や生き方、人を傷つけないというような消極的な通り方を教えられたのではないと思われます。

「清貧」という言葉には、貧しいことは清らかなこと、お金や富は卑《いや》しいものという考え方が根底にあります。新約聖書の「財産のある者が神の国にはいるのはなんとむずかしいことであろう。富んでいる者が神の国にはいるよりは、らくだが針の穴を通る方が、もっとやさしい」（「ルカによる福音書」第18章24、25）という一節に明確に見られますが、富と貧とは、必ずしも貴賤《きせん》、尊卑に結びつかず、逆になるケースも考えられます。

教祖は、慎みによって、貧そのものを価値あるものとして教えられたのではなく、物への執着（この本質は自己への執着）や我欲、高慢のほこりを取り去ることによって、与えや成ってくることを喜び、物や人を生かすこと、つまり物だすけ、人だすけに価値を見いだすことを教えられたのではないでしょうか。

道元《どうげん》禅師の言葉を記した『正法眼蔵随聞記《しょうぼうげんぞうずいもんき》』に、次のような話があります。

栄西《えいさい》僧正が、家族が餓死寸前の貧しい人に乞《こ》われて、仏像の光背《こうはい》をつくるための材料としてとっておいた銅を与えたとき、門弟から「仏物己用《ぶつもつこよう》の罪」（仏のものを私用に使う罪）に問われます。そのとき、僧正は「実《まこと》に然《しか》るなり。但《ただ》し、仏意《ぶつい》を思ふに、身肉手足《しんにくしゅそく》も分《わか》つて衆生《しゅじょう》に施すべし。現に餓死すべき衆生には、直饒《たとひ》全体を以《もっ》て与ふとも仏意に叶《かな》ふべし」（まことにその通りである。けれども、仏様のお心を考えてみると、仏様は、からだの肉や手足をさいても衆生に施しなされるであろう。目の前に餓え死にしそうになっている人々には、たとえ、仏像の全体を与えても、仏様のお心にかなうであろう）（水野弥穂子《みずのやおこ》訳『正法眼蔵随聞記』筑摩叢書、102ページ）と答えています。

本教の立場から考えますと、この世の一切のものは「神のからだ」、つまり「神物」

であり、生きるということは「神物己用」と考えますと、「神物」を「己用」するだけではなく、「他用」（人のために使う）、「共用」（みんなで使う）することが、神の思召《おぼしめし》に適《かな》うことになります。このことを「慎み」によって教えられているのではないでしょうか。
慎みとは、このように考えますと、極めて積極的なたすけ一条につながる意味をもつものと思案することができます。

めん〳〵心に慎むという理を治めてくれ。
（明治30・4・18）

天に届く理

「そうそう、どんな辛《つら》い事や嫌《いや》な事でも、結構と思うてすれば、天に届く理、神様受け取り下さる理は、結構に変えて下さる。なれども、えらい仕事、しんどい仕事を何《な》んぼしても、ああ辛いなあ、ああ嫌やなあ、と、不足々々でしては、天に届く理は不足になるのやで」

（『稿本天理教教祖伝逸話篇』一四四「天に届く理」）

これは教祖が、明治十七年（一八八四年）三月二十四日から四月五日まで奈良監獄署へ御苦労くだされたときに、教祖とともに入牢されていた鴻田忠三郎《こうだちゅうざぶろう》さんに言われたお言葉です。

忠三郎さんは獄吏から便所掃除を命ぜられ、掃除を終えて戻ってきますと、教祖から便所掃除の感想を聞かれたので、「何をさせて頂いても、神様の御用向きを勤めさせて頂くと思えば、実に結構でございます」と答えられました。そして、教祖から先のお言葉を頂かれるわけです。教祖は忠三郎さんに「たんのう」のお仕込みをされたと悟れます。

『天理教教典』に次のように記されています。

「たんのうは、単なるあきらめでもなければ、又《また》、辛抱でもない。日々、いかなる事が起《おこ》ろうとも、その中に親心を悟つて、益々《ますます》心をひきしめつつ喜び勇むことである。かくて、身上のさわりも事情のもつれも、己《おの》が心の糧《かて》となり、これが節となつて、信仰は一段と進む。これを、『節から芽が出る』と諭される」（75～76ページ）

本教の教理のなかで実行するのが一番難しいのが、たんのうではないかと思われますので、これからたんのうについて思案してみたいと思います。

さて、たんのうとは節に処するときの、「陽気遊び」を目指す私たちにとってなくてはならない必須の教えですが、『天理教教典』には、たんのうは単なるあきらめでもなく、辛抱でもないと記されています。

おさしづに「堪忍《かんにん》」という言葉が十一回出てきます。堪忍とは堪え忍ぶこと、つまり辛抱のことですが、次のように教示されています。


堪忍というは誠一つの理、天の理と諭し置く。堪忍という理を定めるなら、広く大きい理である。……心に堪忍戴《いただ》いて通れば晴天同様、一つ道と諭し置こう。

（明治26・7・12）


「堪忍というは誠一つの理、天の理」ということは、節に際しての辛抱、堪忍は、親神様に受け取っていただけるということになります。しかし、まだ十分ではない。つまり、たんのうへの一過程、前段階にすぎず、堪忍を通過してさらに、たんのうまで進んでいかなければならないと悟れます。辛抱や堪忍には、たんのうに見られる楽しみ、喜び、勇みは、まだないと思われるからです。

この楽しみや勇みは、他者からの働きかけや出来事によって条件反射的に生じるものではなく、その働きかけや出来事の意味、道理が「なるほど」と分かることによって、節に込められた親心が分かり、自分が肯定され、満足できることから生じると考えられます。

したがって、成ってくることの意味が分からず、苦難の意味が単に、その人をよりよくするためとか、選ばれた人にだけ苦難が与えられ救済されるというような説明では、苦痛は消えず、節をたんのうして受けとめることはできません。それゆえに、私たちの生を真に全うさせるものと考えることはできません。

浄土真宗では、市井《しせい》の俗人で古今の高僧たちのような悟りの境地に達した人のことを「妙好人《みょうこうにん》」といいます。その妙好人の一人とされる「因幡《いなば》の源左《げんざ》」という人は、本名は足利喜三郎《あしかがきさぶろう》、天保十三年（一八四二年）に生まれ、昭和五年に八十九歳で亡くなっています。この人は若くして父と別れ、祖父母、母、妻にも先立たれ、身内が一人もいない不遇の生涯を送りますが、亡くなるときに「こっちゃ死にさえすりゃええだ。助ける助けんは親（仏）さんの仕事だけのう」と達観し、生涯を「ようこそようこそ、さてもさてもなんまんだぶなんまんだぶ」の念仏一条で通ります。

阿弥陀仏に一切身を任せる素晴らしい、なかなか真似のできない生き方です。しかし、ここには感謝、喜びは確かにありますが、たんのうの要素である、報恩に基づくたすけの心、心定めがありません。

次に、信仰は自力か他力かという問題がよく議論されますが、たんのうとは自力によって可能なのか、他力によって成就《じょうじゅ》されるのかを思案してみたいと思います。

五木寛之氏は次のように述べています。

「人は自力で生きるのか、それとも他力によって生きるのか。相反する二つの力のいずれかではなく、私たちは自力と他力のあいだを実は分子の運動のように、往復運動を繰り返しながら動的に生きているのです」（『無力《むりき》』34〜35ページ）

そして、このような自力でも他力でもない、自力でも他力でもあるような力を「無力」と名づけ、自力と他力を超えた第三の道と考えています。では、無力の信仰、立場とは、どのようなものでしょうか。氏は、「自分の中にある自力の要素と、他力を憧《あこが》れる気持ちとのあいだで揺れ動いている不安定な感覚」（同33ページ）を「無力」と呼んでいますが、それによる具体的な生き方について、次のように述べています。

「世の中はそういうものだと無力感にひたるのでもなく、何とかしようと力むのでもなく、この現実の世界を生きていくことです。……絶望もせず、希望もせず、そのなかで右往左往するわけではなく、動的な二つの中心を実感しつつ、末法の世を生きていく。それしかないだろうという気がしています」　（同171～172ページ）

氏の「無力」の思想とは、結局のところ、抗《あらが》うことのできないこの世の運命に身を任せて生きること、大きな河の流れに逆らって自力で逆行するのではなく、その流れに沿って他力によって生きていくこと、それがいまの末世と呼ばれるにふさわしい「無力」による生き方であり、氏の言葉によると「登山」の生き方ではない「下山」の生き方ということになります。平家物語の「諸行無常」「盛者必衰《じょうしゃひっすい》」「春の夜の夢のごとし」「風の前の塵《ちり》に同じ」のような、冷めた諦念の心境、生き方であり、人を積極的なたすけへと向かわせることのない生き方ともいえます。

たんのうも、自力と他力を超える第三の道と考えられますが、五木氏の考え方とどのように異なるのでしょうか。

まず、たんのうの教えは、「たんのうは理諭そ。よう聞き分け。人間かりもの持って日々という」（明治30・8・31）と教示されますように、かりものと結びついていますが、その意味を、みかぐらうたを手がかりにして考えてみたいと思います。

やむほどつらいことハない
わしもこれからひのきしん
三下り目　8

このお歌は「病気で苦しむほどつらいことはない。このことを思えば、身上壮健で働かせていただけることは、どれほどありがたいことか分からない。この感謝の心から、日々明るく神恩報謝に尽くさせていただくことが、ひのきしんである」と一般的に解釈されています。この解釈によりますと「これから」とは、身上をたすけられ、壮健になってから、ということになります。しかし、このお歌には、より深い意味が含まれていると悟れます。

よく、身上になって初めて健康のありがたさが分かったといいますが、もしそうなら、身上は単につらい惨《みじ》めなもので、ご守護のない姿であり、ありがたくないものになってしまいます。また、健康のありがたさといっても、健康になるや否や、すぐに忘れられかねません。そうではなくて、身上になって初めて、それまで忘れていた、気がつかないでいた、生かされているという厳然たる事実、身上をたすけられることや身上壮健であることと比較を絶するほど大きな、第一義的なご守護である「生かされている大恩」（教祖が「水を飲めば水の味がする」というお言葉で教えられた「生命の讃歌」でもあります）、「根源的たすけ」（『諸井慶徳著作集　第六巻』に「人は本来、まず神の御発動としての御救けを与えられる事に立脚して、その存立を叶えられるものに過ぎないのである」〈168ページ〉とあります）にあらためて目覚め、そのありがたさが分かるということであります。

したがって先のお歌は、病は確かにつらいものではありますが、たとえ今はまだ自分の願うご守護を頂いていなくても、それによって今ここに生かされている大恩に、あらためて目覚め、それへの報恩の念がおのずと湧《わ》いてきて、ひのきしんをせずにおれなくなる、と解釈すべきではないでしょうか。たとえば病院に入院していても、たとえ余命があとわずかであっても、同部屋の人にひと言、神様のありがたさや大恩を取り次ぐにをいがけをする、という意味であると悟れます。

このことは、次のおふでさきからも悟れるように思われます。

にんけんにやまいとゆうてないけれど

このよはじまりしりたものなし　九　10
このもとをくハしくしりた事ならバ
やまいのをこる事わないのに　三　93

「このよはじまり」「このもと」とは、人間の生命の単なる歴史的な起源だけではなく、歴史の根拠となる生命の根源、今ここに、私たちの足元に厳然と実在する事実ですが、この事実のありがたさを忘れ、生命の根源から遊離して虚《むな》しい自己を絶対化するところに、欲や高慢のほこりが生じることになります。

そして、それが病の原因となり、病によってその掃除をしてもらうのですから、病とは結局、生かされているという厳然たる事実に目覚めさせることにその存在意義があるということを、先の二首のお歌は教えていると悟れます。

また、「たんのうは前生いんねんのさんげ」（『天理教教典』75ページ）とも教示されます。「前生いんねん」につきましては、仏教の宿業《しゅくごう》と同じような、そこから逃れることのできない、信仰の足かせのように感じられやすいのですが、決してそうではありません。心のほこりの塊《かたまり》となったものなので、一代では簡単に掃除することはできませんが、おつとめとおさづけによって、少しずつ払ってもらうことができます。

このほこりそふぢするのハむつかしい
つとめなりともかゝりたるなら　十三　22
心さいしんぢつ神がうけとれば
どんなほこりもそふぢするなり　十三　23

次に、「前生いんねん」ということから、たんのうには「出直し」「生まれかわり」が前提としてあるということを考えてみます。
洋の東西を問わず、死は生の背後に置かれ、長い間不吉な汚らわしいものと見なされてきました。また、死は彼岸、あの世への旅立ちと受け取られ、そこに真の救済があると考えられてきました。しかし、そのように考えますと、この現実世界は穢《けが》れたものと受け取られ、不安と恐怖の坩堝《るつぼ》となり、死は恐れの対象になります。最近、死に関する書物や話題が多く、無縁死や孤独死といった言葉が氾濫《はんらん》するのも、そのことが背景にあるからでしょう。

五木寛之氏は、次のように述べています。

「私たちは、これからは『死』に対する大きな価値転換を迫られるでしょう。『死』は人が最後に引きずりこまれる敗北ではなく、人生の実りあるフィナーレとしての『死』をこそ思う。そういう時がきたのではないでしょうか」（前掲書160ページ）

「『死』を人生の敗北と見なす感覚から、私たちは出発しなければならない。そこを離れて、明朗な再出発の思想を確立しなければなりません」（同158ページ）

この「明朗な再出発の思想」こそ、出直しの教理であります。出直しとは再出発、つまり、をやが私たちに、この世で「陽気遊び」を共に楽しむために、人生をもう一度やり直させてくださる教えであります。また、この世の人生の続きをさせてくださる教えであり、この世を離れて人間の生はないということを教える教理でもあります。

また半面では、前生の清算を、この世において厳しく求められる教えでもあります。それが「前生いんねんのさんげ」ということであります。

しかし、この「さんげ」は懺悔ではありません。さんげとは、単に過去や前生の心づかいの謝罪であるのみならず、節を通して「生かされている大恩」に気づく感激でもあり、節が親神様の親心の表れであると悟る喜びでもあります〈おさしづに「ずつない事はふし、ふしから芽を吹く。やれふしや〳〵、楽しみやと、大き心を持ってくれ」〈明治27・3・5〉と明示されています〉。

また、「たんのうは改めた心の理」〈明治24・1・30〉と教示されますように、将来に向けての積極的な心定めを伴うものでもあり、言い換えれば、希望と楽しみの心でもあります。そして、その心定めとは結局、人間として生かされている限り、生かされている大恩への生涯末代の報恩としての、たすけ一条の心定めでもあり、それを実行・実践することによって、まだ多く残っている心のほこりの掃除、前生いんねんの切り換えが少し可能となり、真の救済に一歩近づくことができるようになります。

そして、その結果としての、時々の不思議なたすけを手段にして、それを契機にさらに報恩を続けることによって、一歩一歩、最終ゴールである「めづらしたすけ」のご守護に近づいていくと悟れます。

本当のたすかり

「あんたは、足を救《たす》けて頂いたのやから、手の少しふるえるぐらいは、何も差し支えはしない。すっきり救けてもらうよりは、少しぐらい残っている方が、前生のいんねんもよく悟れるし、いつまでも忘れなくて、それが本当のたすかりやで。人、皆、すっきり救かる事ばかり願うが、真実救かる理が大事やで」

（『稿本天理教教祖伝逸話篇』一四七「本当のたすかり」）

このお言葉は、山本いささんが年来の足の身上のご守護を頂かれてから、手のふるえが出てきてなかなか治らないので教祖におたすけを願い出られたときに、教祖が仰せられたお言葉です。「すっきり救かる」とは身上が全快し、病んでいるところがないことを意味しますが、「真実救かる理が大事」という「本当のたすかり」とは何を意味するのでしょうか。

東本大教会の初代、中川よしさんのおたすけを見てみましょう。

よしさんは、明治二十五年（一八九二年）から郷里の丹波《たんば》での布教を開始されます。「一人を助けるのに百里を歩く」（丹波とおぢばとの間を二往復する）決心をされ、時には九日間絶食し、不眠不休で真冬の真夜中に水行、お願いづとめという、超人的なおたすけを続けられます。

死者が蘇生《そせい》するなどの不思議なたすけが続出しますが、東京布教に出て四年後に丹波へ帰ったとき、たすけられた人々が出直したり、道から離れたりしている姿を見て大変落胆し、次のような反省をされます。

「私の丹波におけるお助けは間違っていた。私は、助かって貰《もら》いさえすればよいという考えから、身上助けばかりしていて、精神を救うということに気がつかなかった。そのためにこんなことになった。可哀想《かわいそう》なことをしてしまった。私が間違っていた」

（高橋兵輔著『中川與志』350ページ）

ここで述べられている「精神を救う」ことへの布教方針の転換は、身上だすけをしたことが間違いであったからではありません。信仰とは心、魂の救済が本義で、病だすけは大切ではない、病だすけを標榜《ひょうぼう》する宗教は低級であるという見方が、これまでも、否、現在でも根強く残っています。したがって「精神を救う」とは、身上だすけをやめて心の救済のみを目指すことのように思われますが、決してそうではありません。

心身問題（心とは何か、心身はどのように結びついているのかという問題）は、現在でも哲学上の難問の一つといわれています。心身は一如《いちにょ》、一つのものと見なしますと、身体《からだ》をはなれた心、精神だけの救いというのは意味がないと考えられます。

教祖は、「すっきり救かる」病だすけに対して、「精神を救う」心だすけを対置されるのではなく、「真実救かる」、つまり心身ともにたすかることを教示されています。「真実救かる」「本当のたすかり」とは、具体的に何を意味するのでしょうか。

まず第一に、前生いんねんが悟れるようになることです。教祖は、手のふるえという生活に支障のない身上が残っていることによって、「前生のいんねんもよく悟れるし、いつまでも忘れなくて、それが本当のたすかりやで」と仰せられています。今生における通り方、心づかいの反省だけでは不十分で、前生（信じることは難しいのですが、出直しが本当に胸に治まるとき、出直してこの世に帰ってくる自分から見ると、今の自分は前生の自分ということになります）を視野に入れた反省、さんげが不可欠となります。

第二に、神恩が分かるようになり、ご恩報じができるようになることです。

中川よしさんは次のように考えられました。

「世の中は、恩を受けることに我儘《わがまま》となり、恩を果たすことに気儘《きまま》となっている。これでは、日本の国どころか、自分の身が、精神が、持たぬこと当然である。金儲けを教える学校はあっても、果たしを教える学校はない」（前掲書351ページ）

問題となるのは、何に対する報恩かということです。

おさしづに、「大恩忘れて小恩送るような事ではならんで」（明治34・2・4）と教示されています。これは、人への小恩にとらわれて、神への大恩を忘れてはいけないと解されていますが、それだけではなく、神恩にも大恩と小恩があって、たすけられるということは小恩であり、生かされている、身体をお借りしているということが大恩であるということを教えられていると悟れます。

病気をたすけていただくということは、ご守護であることは言うまでもありませんが、たすけていただいて元の健康な身体に復することよりも、生かされて健康な身体をこれまでずっと維持していただいていることのほうが、はるかに大きなご守護と悟ることができます。病気になって初めてその大恩に気づき、それへの報恩のたすけ一条の心定めをすることで、おつとめとおさづけによってたすけていただけると悟らせていただきます。すっきりたすかっていなくても、真実たすかっていることが成立するのも、この大恩への生涯末代の報恩の念があるからと悟れます。

第三に、病の見方が変わり、病をご守護の一つの姿と受け取れるようになることです。

本教では、病の元は悪霊や怨霊《おんりょう》のような外来のものではなく、あくまでも各自の心にあると教えられ、病は神の残念立腹、急《せ》き込み、用向き、意見、道教え、手引きなどと教えられています。また、手入れとも教えられています。

残念立腹は一見、キリスト教の神の怒りのように受け取れますが、

こらほどにさねんつもりてあるけれど
心しだいにみなたすけるで　十五 16
いかほどにさねんつもりてあるとても
ふんばりきりてはたらきをする　十五 17

と示されますように、神の愛の発動であることが分かります。

急き込み、用向き、意見、道教えは、病は神からのメッセージであり、それが正しく読み取れることがたすかりであると悟れますが、手入れとは何を意味するのでしょうか。

これをみよせかいもうちもへたてない
むねのうちよりそふぢするぞや　四 108
このそふぢむつかし事であるけれど
やまいとゆうわないとゆてをく　四 109
どのよふないたみなやみもでけものや

ねつもくだりもみなほこりやで　四　110

「むねのうちよりそふぢ」とは、心のほこりを払うというような観念的なものではなく、「このそふぢ」即「やまい」と続きますので、具体的に病気を見せられることと悟れます。また、その「そふぢ」は「せかいもうちもへたてない」ということは、信仰している者もしていない者も区別なく、と悟れます。

三番目のお歌は、病の元がほこりであることを単に示しているように思えますが、前の二首をよく見ますと、病とは「そふぢ」でもあること、つまり病によって神がほこりを掃除してくださっていることであり、熱も下痢《げり》も神の掃除であること、それが「ていり」（親神様が身体を手入れする、より良い状態にすること）であることを教えていると悟ることができます。

にち〱にをやのしやんとゆうものわ
たすけるもよふばかりをもてる　十四　35
それしらすみなせかいぢうハ一れつに
なんとあしきのよふにをもふて　十四　36

この二首は、身上の節は親神様の「たすけるもよふ」、たすけの手段であり、それによって親神様がほこりの掃除をしてくれていますので、たすけそのものであるのに、それを何か悪《あ》しきもののように子供である私たちは思っている、と悟ることができます。
したがって「やまいとゆうわない」とは、病そのものがないという意味ではなく、病は親神様によるほこりの掃除であって、忌避《きひ》されるものではなく、痛みの伴うご守護でもあると悟れるのではないでしょうか。

第四に、「めづらしたすけ」が究極のたすけであると悟れるようになることです。

たん〳〵と神の心とゆうものわ
ふしぎあらハしたすけせきこむ　三 104
たすけでもあしきなをするまてやない
めづらしたすけをもているから　十七 52

本教の救済において、不思議なたすけと「めづらしたすけ」が明確に分けられています。前者は、がんがたすかるなどのたすけで、後者は「病まず死なず弱らん」「百十五歳定命《じょうみょう》」のたすけです。このたすけの条件として、ほこりを完全に払うことが求められます。

逆に考えますと、この「めづらしたすけ」が実現していない限り、ほこりは残っているということになります。生かされている大恩への報恩を、たすけ一条の御用を通して生涯末代続けさせていただくことによって、前生からのほこりが少しずつ払われ、日々「陽気づくめの心」で通れるようになる。これが「真実救かる」「本当のたすかり」であると悟らせていただきます。

最後に、「真実救かる」ための真の心定め、おたすけ人の心得に関する教祖のお仕込みを紹介させていただきます。

「身上は助かっても、たすからないでも、神様の御恩はむくいます、といふ精神がさだまつたら、是《こ》れをかりものゝ理がわかつたと云ふ。身上がたすからなんだら、まあ、つくすことはやめぢや、といふやうなしんじんでは、かりものゝりがわかつたとも、又《また》しんじつのおやさま、といふ理がわかつたともゆはらせん。

思ひごとかなへてくれたら、これだけの事しますといふのは、せかなみのあくにんでも、そのくらゐのちかひはする。神様の御道をきいたものが、そんな事では、助かる事はでけん。

しかるに、御助けをさしてもらふもの、とりつぐものからして、こんどだれそれは、あれは、あれだけのしんじつさだめたから、三日の中には御助け下さるやろ、などゝいふて、よろこんでゐる。ちやうど、みちをしらんものどうしが、よつてはなしやうてゐるやうなもの。神がはたらくに、はたらけんと仰有《おつしや》る」（『正文遺韻抄』261～262ページ）

身上のおたすけに関して、「真実救かる」ための真の心定めとは何かを教え、また、おたすけをする者である私たちよふぼくに対して甘えの許されない真剣さを求められる、教祖の厳しいお仕込みではないでしょうか。

倍の力

「これが、神の、倍の力やで」
（『稿本天理教教祖伝逸話篇』一五二「倍の力」）

「子供の方から力を入れて来たら、親も力を入れてやらにゃならん。これが天理や」
（同七五「これが天理や」）

「そっちで力をゆるめたら、神も力をゆるめる。そっちで力を入れたら、神も力を入れるのやで。この事は、今だけの事やない程に」
（同一七四「そっちで力をゆるめたら」）

『稿本天理教教祖伝逸話篇』には、このほかにも、六一「廊下の下を」、六八「先は永いで」、八〇「あんた方二人で」、八一「さあお上がり」、一一八「神の方には」、一三一「神の方には」において、教祖がお屋敷に帰ってきた人々と力だめし、力比べをされた話がありますが、これは、教祖は「月日のやしろ」であって、親神様のお心を心とされているだけではなく、お身体《からだ》にも親神様が入り込まれていることを示していると悟れます。

　また親神様は、この世をからだとして、その隅々にまでご守護を及ぼされていますので、人間は親神様の前には針の先にも満たない存在にすぎませんが、神の力は人間の倍であると、控えめに示されているところに、人間の存在を大きく受けとめられている親心を感じさせていただきます。

「にんげん《人間》わちよほ《重宝》なるもの《者》で、よふきゆうさん《陽気遊山》を見て、そのた《他》なにごと《何事》もみ《見》られる」（『こふきの研究』109ページ）、「神と言うて、どこに神が居ると思うやろ。この身の内離れて神はなし」（『稿本天理教教祖伝逸話篇』一六四「可愛《かわい》い一杯」）などに示されます本教の人間観は、他宗では見られない独自のもので、陽気ぐらしを目的にして親神様の懐住まいをしていることを教えられています。

　ここでいう「力」とは、単に物理的な力だけではなく、「今だけの事やない」と言われていますように心の真実という意味もあり、人に真実の心があれば、親神様の倍の真実の守護があるということを教えられていると悟れます。また、

いかほどのごふてきあらばだしてみよ
神のほふにもばいのちからを　三　84

のお歌に明示されますように、「倍の力」によって親神様の絶大なる威厳を、そして人間の知恵や力、学問、科学の全く及ばない力をも教えられています。

ところで、教祖は力だめしをされた多くの人々のなかで、梅谷四郎兵衛さんに次のような詳しいお話をされています。

「この道の最初、かゝりにはな、神様の仰せにさからへば、身上に大層の苦痛をうけ、神様の仰有《おっしゃ》る通りにしようと思へば、夫をはじめ、人々にせめられて苦しみ、どうもしやうがないのでな、いつそ、死ぬ方がましやと思ふた日も有つたで。よる、夜中に、そつと寝床をはひ出して井戸へはまらうとした事は、三度まで有つたがな、井戸側へすつくと立ちて、今や飛び込まうとすれば、足もきかず、手もきかず、身はしやくばつた様《よう》

になつて、一寸も動く事が出来ぬ。すると、何処《どこ》からとも知れず、声がきこえる。何というかと思へばな、『たんきをだすやないほどに〳〵、年のよるのを、まちかねる〳〵、かへれ〳〵』と仰有る」（『正文遺韻抄』139ページ）

このお言葉を、教祖に人間心を認める教祖成人論ではなく、身投げによって、身体的制約を脱して「存命の理」としてのお働きを表されようとして、親神様に引き止められた、と解釈しますと、「年のよるのを、まちかねる」の別の見方も考えることができます。

『正文遺韻抄』では、次のように説明しています。

「一つには、四十台や、五十だいの女では、夜や夜中に男を引きよせて、話をきかす事は出来んが、もう八十すぎた年よりなら、誰も疑ふ者もあるまい。また、どういふ話もきかせられる。仕込まれる。そこで、神さんはな、年のよるのを、えらう、お待ちかねで御座つたのやで」（140〜141ページ）

「もう八十すぎた年よりで、それも、女の身そらであれば、どこに力のある筈《はず》がないと、だれも思ふやらう。こゝで力をあらはしたら、神の力としか思はれやうまい。よつて、力だめしをして見せよと仰有る」（140ページ）

このように考えますと、教祖が「月日のやしろ」となられ宮池の問題があってから八十歳までの約四十年間は、どのような意味があると悟れるでしょうか。教祖は、「月日のやしろ」と「存命の理」の間に、ひながたの親としてのご道中を示されたのではないでしょうか。

教祖は「月日のやしろ」として、世界の人々をたすけるために、口で説き、筆に記して教え導かれただけではなく、私たちが実行しやすいようにとの親心から、ご自身が身をもって実行され、私たちの先頭に立たれて、日々に実践すべき手本ひながたをお残しくださいました。教祖のひながたは、時代、民族の違いを超えたもので、この実践こそが、私たちがたすけていただける一番確実な道であります。

明治二十二年十一月七日のおさしづを、断片的に引用させていただきます。

難しい事は言わん。難しい事をせいとも、紋型無き事をせいと言わん。皆一つ〳〵のひながたの道がある。ひながたの道を通れんというような事ではどうもならん。あちらへ廻《まわ》り、日々の処《ところ》、三十日と言えば、五十日向《むこ》うの守護をして居る事を知らん。これ分からんような事ではどうもならん。ひながたの道通れんような事ではどうもならん。……ひながたなおせばどうもなろうまい。……ひながたそばにある。

「ひながたなおせば」とは、ひながたを実践せずにしまいこんでしまうことと、自分勝手に変える、修正するという、二つの意味が考えられます。

「ひながたそばにある」とは、本席様の信仰態度のことで、「十二下りの止めは大工、これさえ聞き分けたら、苦労したいと言うても出けんが神の守護」（明治31・7・14）というおさしづもありますように、本席様を手本として実行すれば、難儀不自由はしないと理解することができます。

同じおさしづのなかには、そのほかにも「細道は通りよい、往還通り難《に》くい」（細道は神を信じ、もたれて通るのに対して、往還道は結構さに慣れて、つい神を忘れてしまいやすい、と悟れます）、「世界の道は千筋、神の道は一条《ひとすじ》」（世界は欲と高慢、うそとついしょうの道で、神の道はたすけ一条の一本道である、と悟れます）などの心すべきお言葉があります。

「存命の理」としての教祖を信じ、教祖のひながたを日々の生活において、おつとめとおさづけとともに実践させていただくところに、心のほこりが払われ、神様の「倍の力」を頂き、不思議なたすけに浴することができると思わせていただきます。

親が代わりに

教祖は、平素あまり外へは、お出ましにならなかったから、足がお疲れになるような事はないはずであるのに、時々、

「足がねまる」

とか、

「しんどい」

とか、仰せになる事があった。

ところが、かよう仰せられた日は必ず、道の子供の誰彼《だれかれ》が、意気揚々として帰って来るのが、常であった。

（『稿本天理教教祖伝逸話篇』一六二「親が代わりに」）

この逸話については、「教祖が、お屋敷で、子供に代わってお疲れ下された賜物《たまもの》だった」「教祖は、親として、その身代わりをして、お疲れ下された」と説明されています。この「身代わり」は、救済の観点から考えますと、どのような意味をもつのでしょうか。

まず、キリスト教における身代わりともいえる、イエスの十字架による磔刑《たっけい》について見てみましょう。

一般に、イエスの死は贖罪死《しょくざいし》といわれています。罪なきイエスが十字架にかけられ死ぬことによって、「創世記」に出てくるアダムとイブが犯した原罪と、人々の罪があがなわれると考えられていますが、贖罪とは一体何を意味するのでしょうか。

「あがなう（贖う）」とは、『広辞苑』によると、「金品を代償として出して、罪をまぬかれる。転じて、つぐないをする。罪ほろぼしをする」と説明されています。また「罪滅ぼし」は、「善事を行なって過去の罪をつぐない滅ぼすこと。罪の消えるよう功徳《くどく》を行うこと。贖罪」となっています。本来、善事を行い、功徳を積むことによってしか消えないはずの罪が、イエスの十字架を信じることによって赦《ゆる》される、なくなるとは、どういうことなのでしょう。この世での救済を考えますすと、極めて抽象的なものであるように思われます。

キリスト教では、神は人の罪を赦す方法として、罪なきイエスにすべての人の罪を負わせ、人に代わって彼を十字架の上で死なせることによって、人の支払うべき罪の価を負担したのであると考えられています。人がイエスの十字架の死のなかに自分の罪を認め、イエスが死んだのは自分の罪のために、自分に代わって死んだと信じるならば、神は、イエスの神への従順のゆえに、かく信じる人の罪を赦す（具体的には洗礼を受け、司祭への罪の告白や悔い改めによって）と説かれますが、罪の赦しとは具体的に何を意味するのか、はっきりしません。また、魂は罪のあがないによって自由になっても、この世の身体、心の働きは元のままであって、魂は救われてもこの世における身体、心は救われていないということになります。

では、本教の「身代わり」はどうでしょうか。松本滋氏は次のように述べられています。

「われわれ人間が誠心でつとめた徳と、知らず知らずに積んでいるほこり、いんねんとを、プラス・マイナス差引勘定したならば、大抵の人はマイナスの方が遥《はる》かに多いのではないでしょうか。今生だけでもそうですから、まして前生、前々生のことまで考えるとしたら、どれだけマイナス、天借を背負っているか分らないでありましょう。もし天の親神が、『天の定規』にあてて、一分《ぶ》一厘《りん》の狂いもなく、人間一人一人を裁くとしたら、とてもわれわれはこの世に満足な姿で生きておられぬと言ってよいでありましょう。

それを結構にたすけられて、しかもめいめいのいんねんの割には、本当に恵まれた生き方を日々営みえているのは、とりも直さず、みな教祖のお陰なのであります。教祖が、天の理の分らぬ、ほこりだらけの人間子供のために、いわば『身代わり』になって苦難の道を五十年も歩まれた、その賜物だ、と私は申したいのであります」

（『天理教の信仰と思想〔I〕人間の元なるもの』140〜141ページ）

ということは、教祖の五十年のひながたの道中は、私たち人間が何代にもわたって負ってきた天借を、永久に返すことのできない私たちに代わって、私たちの「身代わり」となって返済してくださった道中であるということになります。

氏は、次のようにも述べられています。

「この『たすけたいとの一条ばかり』という親心は、教祖ひながたの道のいたるところに満ちあふれているのですが、中でも最も深く、最高の形で表わされているのは、人間子供の苦しみ、痛み、悩みを、みな親が代わりに引き受けてやろうという、そういう教祖の姿であります」（同137～138ページ）

そして、『稿本天理教教祖伝逸話篇』一六「子供が親のために」を、次のように解釈されています。

桝井伊三郎さんは危篤の母・キクさんのために、教祖から「救《たす》からん」と言われても、三度たすけてくださるようお願いし、「救からんものを、なんでもと言うて、子供が、親のために運ぶ心、これ真実やがな。真実なら神が受け取る」とのお言葉を頂かれます。キクさんは、たすからない命をたすけていただき、八十八歳までの長命を与えていただかれました。

この逸話は一般に、母を思う誠真実を神が受け取ってくださった、と理解されていますが、氏は、キクさんの天借は余りにも大きく、今生では返しきれないほどになっていたにもかかわらず、教祖は、子供の無理な願いを天の親神様に聞いていただくために、「人間としてのわれとわが身を削ることによって」「子供には言うに言えん、切ない親の痛み」（前掲書152ページ）を伴わせて、ということは天借を肩代わりされることによって、たすけられたのだと説明されています。

したがって、「これはある意味で大変な『借り』を天に対してしたことになる」（同152ページ）、「救けられた人の天借は一向に減らないどころか、かえって身上を救けられたことによって、ますます増えている」（同148ページ）とも述べられています。

氏は、教祖は「月日のやしろ」であっても、同時に生身の人間であったということを人は忘れがちで、教祖の理をより深く胸に治め、教祖により身近に近づくための絶対不可欠の要点は、教祖がその身に受けたと思われる「痛み」であり、それが、教祖が百十五歳の定命《じょうみょう》を二十五年も縮められたもう一つの理由である、との見解を示されています。

前述の逸話は、伊三郎さんが三度も真実のお願いをしたからというより、真実のたすけ一条の心定めをし、それを生涯実行されたからであり、その真実の心を親神様が受け取られ、その後の通り方を見続けられて、ご守護を下されたのではないでしょうか。

もう一つ、一九九「一つやで」における教祖のおたすけについて思案してみます。明治十五年、持病の脹満《ちょうまん》でお腹《なか》が大きくなりかけていた本田せいさんが、おぢばに参拝に来たときに、教祖は次のように諭されます。

「おせいさん、おせいさん、あんた、そのお腹かかえているのは、辛《つら》かろうな。けど、この世のほこりやないで。前々生から負うてるで。神様が、きっと救けて下さるで。心変えなさんなや。なんでもと思うて、この紐《ひも》放しなさんなや。あんた、前々生のことは、何《な》んにも知らんのやから、ゆるして下さいとお願いして、神様にお礼申していたらよいのやで」

せいさんは、三代積み重ねたほこりのことを思うとじっとしていられず、東奔西走して毎日おたすけに回ります。厳寒のなか水行してのおたすけによって、不思議なたすけを次々に見せられますが、明治十九年秋、再び脹満が悪化して一命も危ないという容体になり、苦しいので「起こせ」とか「寝させ」とか言い続けます。

教祖は、せいさんのたすけを求める人々に、せいさんが「起こせ」「寝させ」と言うのは、「講社から起こせ」「しっかりとおつとめしなされ」との親神様の思召《おぼしめし》であることを伝えられます。それから「夜昼六座、三日三夜《みっかみよさ》のお願い勤め」が、それこそ命がけで真剣に勤められますが、それでも「二十八日間死人同様寝通し」の状態が続きます。その後、せいさんは、なんとか命はとりとめたものの、赤ん坊のようになり（「生きて出直し」と説明されています）、四年目くらいにようやく元の元気な姿に戻ります。そして四十九歳から七十九歳までの三十年間、「第二の人生」を与えられ、たすけ一条の生涯を送られます。

いんねんの厳しさとともに、おたすけの難しさ、真剣な命がけのおたすけの、甘さの許されない壮絶さを悟らせていただきます。

松本滋氏の言われるように、私たちには誰でも、いくら返しても返しきれない天借があると思います。天借とはいんねん、積もり重なった心のほこりのことで、ほこりを払わない限りたすけに浴せないことは言うまでもありませんが、たすけを頂くときに天借が、その都度すべて返され、ほこりが全部払われているわけではありません。

たすけでもあしきなをするまてやない
めづらしたすけをもているから　十七 52
このたすけどふゆう事にをもうかな
やますしなすによハりなきよに　十七 53

と、おふでさきに示されますように、「あしきなをする」不思議なたすけと、「やますしなすによハりなき」めづらしたすけが、はっきり区別して教えられています。また、

たん〳〵と神の心とゆうものわ
ふしぎあらハしたすけせきこむ　三 104

と示されますように、「不思議なたすけ」は「めづらしたすけ」に向かう一過程にすぎないとも教えられています。

めづらしたすけは、心のほこりがすべて払われて、天借を返済したときに初めて実現されるものであるのに対して、不思議なたすけは、天借や心のほこりをたくさん残していても、親神様・教祖のお慈悲のおかげで、今生における通り方によって頂けるものであると考えられますが、そのときに、教祖の五十年のひながたの道中が、たすけの台と

なっているとと悟らせていただけるのではないでしょうか。
ひいながたの道を通らねばひいながた要らん。……ひいながたの道より道無いで。（明治22・11・7）
道の上の土台据えたる事分からんか。長い間の艱難《かんなん》の道を忘れて了《しま》うようではならん。（明治34・2・4）
このおさしづは、ひながたは、教祖が私たち人間に陽気ぐらしの手本を示されただけではなく、教祖の五十年のひながたの道中、「口に言われん、筆に書き尽《つく》せん道を通りて来た」（明治22・11・7）ことが、「道の上の土台」すなわち、たすけの台であることを教えられていると思われます。
私たちがたすけに浴せるのは、親神様のお働きと、この土台を前提として、教祖が御身を台として五十年の御苦労を通して教えられました、おつとめとおさづけを中心とするたすけ一条の心を定め、実行することによってであります。そして、何代も生まれかわりをするなかに天借が少しずつ返済され、心のほこりも払われていくことによってであると悟れます。

ところで、冒頭に掲げた逸話の「足がねまる」「しんどい」とのお言葉は、「存命の理」の観点から考えることもできると思われます。

「存命の理」とは、教祖が現身《うつしみ》をかくされてからだけではなく、現身を持たれているときにも、現身をはなれて魂だけが抜け出て働かれていることと考えますと、教祖の魂は人間の魂と異なり心も伴っておられますので、遠路はるばるおぢばに帰ってきたり、お屋敷でひのきしんをしたりする道の子供と、ともに御苦労くだされていると悟れます。これが「おまえさんのねまりが、皆わしのところへ来ていたのやで」(『稿本天理教教祖伝逸話篇』一六二「親が代わりに」)の意味ではないかと考えられます。

教祖が定命を二十五年縮めて現身をかくされた理由は、私たち人間の成人を促すためですが、松本滋氏は、その成人とは、私たちは今生だけではなく前生、前々生も生きてきて、これまでどれだけ教祖に御苦労をおかけし、教祖のたすけにあずかってきたか分からないということが分かるようになることであり、また、教祖に御苦労をおかけし、教祖が定命を縮められることになったのは、他人ではなく自分のためであると分かるようになることであると説明されています。そして、存命の教祖は、人間一人ひとりが知らず知らずにぢばに持ち帰っている心のほこりを、いまも全部受けておられると述べられています。

このような見方は、私たちの心のほこりの多さ、いんねんの深さを反省させ、教祖へのお詫《わ》びの念や、天借を肩代わりしていただいているという申し訳ない気持ちを生み出させる意味で、大切であるかもしれません。しかし、

三十日と言えば、五十日向《むこ》うの守護をして居る事を知らん。（明治22・11・7）

多くの中に澄んで〳〵早く汲《く》みに来んかいなと、水を澄まして待って居る。……待って居るから一つの理も伝わる。（明治25・6・4）

というおさしづから分かりますように、「存命の理」として教祖がいまも先回りされ、たすけ一条の道の先頭に立って私たちを導かれている、一日も早くたすけ一条の心になることを促しておられるという側面を、軽視させることになるのではないでしょうか。

また、親神様の十全の守護によって生かされている大恩への、報恩としてのたすけ一条がいま、求められていると思いますが、そのようなたすけ一条は、「身代わり」とい

う見方からは出てこないように思われます。

いま、でハせかいぢううハ一れつに
めゑ〳〵しやんをしてわいれども　十二 89
なさけないとのよにしやんしたとても
人をたすける心ないので　十二 90

「手引き」と「ためし」

「この目はなあ、難しい目ではあらせん。神様は一寸《ちょっと》指で押さえているのやで。そのなあ、押さえているというのは、ためしと手引きにかかりているのや程に」

「それはなあ、手引きがすんで、ためしがすまんのやで。ためしというは、人救《たす》けたら我《わ》が身救かる、という。我が身思うてはならん。どうでも、人を救けたい、救かってもらいたい、という一心に取り直すなら、身上は鮮やかやで」

（『稿本天理教教祖伝逸話篇』一六七「人救けたら」）

これは教祖が、目の身上を見せられた加見兵四郎さんに仰せられたお言葉です。

ここに「手引き」と「ためし」という、二つの言葉が出てきます。ともにたすけを頂くための手段ですが、「手引き」と「ためし」によるたすけとは、どのような意味をもっているのでしょうか。

まず、「手引き」によるたすけについて考えてみましょう

兵四郎さんは、明治十八年(一八八五年)九月にまず長女が、続いて十月にご自身が、それぞれ目にお手入れを頂き、妻におぢばへ代参をさせ、教祖から最初のお言葉を頂かれます。そのお言葉に続いて、「人言伝《ひとことづ》ては、人言伝て。人頼みは、人頼み。……人の口くぐるだけ、話が狂う。……本人が出て来るがよい」(信仰は胸から胸へ、一対一でということ)と仰せられ、兵四郎さんは妻に手を引かれておぢばに帰り、教祖から「元初まりのお話」を約二時間、聞かせていただきます。すると、そのお言葉が終わるや否や、目はいつとなく、何となしに鮮やかとなり、帰宅してみると長女の目も鮮やかにご守護を頂かれていました。

これが「手引き」による教祖のおたすけでありますが、このおたすけは、教祖のお徳によるたすけであり、本当のたすかりに導くための一時的なおたすけにすぎません。

『稿本天理教教祖伝逸話篇』には、八「一寸身上に」（西田コトさんの、神様のお話とハッタイ粉の御供《ごく》による、歯痛と目の身上のご守護）、六七「かわいそうに」（抽冬鶴松さんの、教祖の赤の肌襦袢《はだじゅばん》を頭からお着せいただいての、胃病のご守護）など、このようなおたすけがいくつか散見されます。

次に、本席・飯降伊蔵先生の入信の経緯を少し見てみましょう。

元治元年（一八六四年）五月、妻・おさとさんの産後の煩いのおたすけを願い、おぢばに帰られますと、教祖から、「さあ〳〵、待って居た、待って居た」「救けてやろ。救けてやるけれども、天理王命と言う神は、初めての事なれば、誠にする事むつかしかろ」とのお言葉を頂かれます。そして、こかん様に三日の願いをかけていただき、頂かれた散薬（ハッタイ粉といわれています）をおさとさんに服用させますと、頂くたびにおさとさんの気分が良くなり、三日目には物にもたれて食事ができるまでにおたすけいただかれます。

これが「手引き」によるおたすけですが、伊蔵先生の場合は特別で、これから本席にお定まりになるまでに、いろいろの厳しい「ためし」によるたすけを見せられることになります。具体的には、まず初めは、元治元年十月二十六日につとめ場所の棟上げが行われ、その翌日に見せられます大和神社の節です。伊蔵先生以外の人々は、山中忠七さんを除いて、信仰から一時離れていきます。つとめ場所の普請が中断し、秀司先生が心配されていますと、伊蔵先生は「何も案じて下さるな。内造りは必ず致します」と、頼もしく答えておられます。その後の親神様の「ためし」に対する伊蔵先生のご対応は、『稿本天理教教祖伝』に記されている通りであります。

次に、一般の者にとっての「ためし」によるたすけを見てみましょう。もう一度、「人救けたら」の逸話を見直してみます。

兵四郎さんはその後、毎朝八時ごろまではボーッとして遠目が少しもきかないため、二カ月後に再びおぢばに帰られ、教祖にお伺いしたところ、「手引きがすんで、ためしがすまんのやで」と諭されます。

教祖は、兵四郎さんが初めておぢば帰りをしたときに、約二時間「元初まりのお話」

をされますが、「その時の教祖のお声の大きさは、あたりの建具がピリピリと震動した程」で、その直後にご守護を頂かれます。教祖はそのときに「元の理」、つまり親神様のご恩（「大恩忘れて小恩送るような事ではならんで」の大恩）を力強く諭しておられるわけです。そのご恩が心に真に治まることによって、生涯末代の報恩としての人だすけが、おのずとできるようになる。そして、それによって初めて「ためし」によるたすけが成《じょう》就《じゅ》する、と考えられます。それに至るまでには、何度も「ためし」を経なければなりません。しかし、このとき教祖は、兵四郎さんに「人救けたら我が身救かる」と諭しておられますので、人をたすける心に本当になっているかどうかを試されただけと思われます。

その後、兵四郎さんは教祖のお諭しを素直に受け取られ、熱心におたすけに奔走して、身上をすっきりおたすけいただかれます。

ところで、この「手引き」と「ためし」によるたすけは、『稿本天理教教祖伝逸話篇』一四七「本当のたすかり」に見られます、「すっきり救かる」ことと「真実救かる」ことに対応するように考えられます。

「すっきり救かる」ことだけを願うなら、また「すっきり救かる」ご守護がないと不足するようであれば、それは本当の信仰ではなく、単なるご利益《りやく》信心の域を出ないことになります。また、「真実救かる」ことが「本当のたすかり」で、それを頂くためには前生いんねんを自覚し、「たんのうは前生いんねんのさんげ」(『天理教教典』75ページ)とも教えられる「たんのう」の実践が必要ですので、より真剣なおたすけの活動が求められます。

私たちは長年信仰していても、ともすると身上・事情を見せられたときに、その身上に込められた親神様・教祖のたすけへのお急《せ》き込み、また、いんねんの割に大難を小難に見せていただいている親心を悟れずに、「すっきり」たすからないことを不足するようなことがあるかもしれません。そのようなときには、親神様・教祖は、あくまでも「真実救かる」ことを私たちに求めておられますので、心を倒すことなく、そのことをよく思案することが大切であります。

次に、身上・事情などの節が「手引き」であり「ためし」であるだけでなく、「手入れ」であることと「残念・立腹」でもあることの意味を、少し考えてみたいと思います。

おふでさきには「そふぢ」（そふち、そふじ）が四十五回、そのうち「むねのそふぢ（ち）」が十三回、そして「ざ（さ）んねん」「ざ（さ）ねん」が九十五回、「りいふく（立腹）」が十八回出てきます。

このみちハどんな事やとをもうかな
せかい一れつむねのそふぢや　十六　57

このみちハうちもせかいもへたてない
せかいちううのむねのそふぢや　十五　47

本教では、たすけ一条の道として「つとめ」と「さづけ」が教祖によって教えられています。おつとめとおさづけによって心のほこりを掃除することで、たすけのご守護にあずかることができるわけですが、心のほこりの掃除には、もう一つの方法があるのではないでしょうか。

おふでさきには、下の句が「むねのそふぢ（ち）がひとりで（て）けるで」のお歌が四首見られます。これは、おつとめとおさづけのおたすけ活動によらなくても、胸の掃除が自然にできるという意味に解しますと、節によって親神様が心のほこりを掃除されることと悟れるように思われます。

さあけふハどんなものてもしんちつの
むねのうちをばたしかあらハす　十五 20
これさいかみなあらハした事ならば
むねのそふぢがひとりでけるで　十五 21
このかやしみへたるならばどこまでも
むねのそふぢがひとりでけるで　十六 16
この事ハなんの事やとをもている
神のざんねんはらす事やで　十六 58

ここに見られます「たしかあらハす」「みなあらハした」「かやしみへたる」「神のざんねんはらす」は、明らかに現実に目に見える形で何かが出来することと解せますので、節のような生起してくる出来事によって、ほこりの掃除が自然にできる、人間側の働きかけや努力によらずにできると理解することができます。

このことをよりよく理解するために、節が「かやし」でもあることの意味について考えてみます。「かやし」という言葉には、報復、仕返し、復讐という意味がありますが、このような意味の「かやし」はキリスト教には見られましても、本教では全く認められません。

おふでさきに、「しかゑていたる」「こくけんまちている」「ひがらもちいときたらん」「ちいとしていた」「ぢいとみていた」「ちいくりとしたる」等の言葉が数多く見られます。これらはすべて同じことを意味していて、親神様が直接介入せずに、一時的に人間の自主性、主体性に任せて様子を見られることと悟れます。そして、あまりにも親神様の目に余る、放置しておけない事態になってきたときに、親神様が満を持して、時期を見計らって介入され、事態が好転するように、つまり人間をたすけるために働きかけられる。そのときの「働きかけ」が「かやし」であると悟りますと、「かやし」は決して報復、復讐ではなく、その「かやし」によって胸の掃除ができる、また「かやし」が親神様の親心の発露、表れでもあるということが、よく理解できるのではないでしょうか。

また、「はらす」「はらし」という言葉もありますが、これは「かやし」によって胸の掃除をする、つまり心のほこりを払うという意味ではないかと悟れます。

親神様は今もこれまでも、本教だけではなく他宗を通しても、たすけ合いによって人間が自主的・自発的に心のほこりを掃除することを望んでおられますが、人間は、否、私たちは、そのをやの思いを分からずにいたり、聞いてもすぐに忘れたりしますので、何回生まれかわっても、ほこりを減らすどころか積み重ねるばかりであります。

月日にハたん／＼みへるみちすぢに
こわきあふなきみちがあるので　七　7
月日よりそのみちはやくしらそふと
をもてしんバいしているとこそ　七　8
にんけんのわが子をもうもをなぢ事
こわきあふなきみちをあんぢる　七　9

そこで親神様は、可愛いわが子である人間に、なんとか「こわきあふなきみち」を通

らずに済むようにしてやりたいと思われるのですが、いくら思っても、また、

さきよりにせへい丶ばいにことハりが
ゆうてあるぞやしやんしてみよ　九　37

どのよふな事をするにもさきいより
ことわりたゆへか丶るしことや　九　38

と、何度教えても聞き入れてくれず、親の心が分からないままであります。

そのために、親神様がやむを得ずに、子供に代わって、子供をたすけるために、ほこりの掃除を子供の嫌《いや》がる節によってしてやらなければならない。子供が積み残した多くの天借の一部の肩代わりを、節を通してしてやらなければならない（「心病んで果たする、身を病んで果たする」〈明治40・4・11〉の「果たす」とは、ほこりの掃除と悟れます）。そのことが、親神様にとって残念なことであり、腹立たしいことなのではないでしょうか。

このみちハどふゆう事にをもうかな
月日ざんねんいちじよの事　十七　57

親神様は「ざんねんいちじよ」とまで言われていますが、この残念・立腹は、キリスト教に見られる神の怒りとは全く異なります。聖書に次のように記されています。

「愛する者たちよ。自分で復讐をしないで、むしろ、神の怒りに任せなさい。なぜなら、『主が言われる。復讐はわたしのすることである。わたし自身が報復する』と書いてあるからである」（「ローマ人への手紙」第12章19）

「御子《みこ》を信じる者は、永遠の命をもつ。御子に従わない者は、命にあずかることがないばかりか、神の怒りがその上にとどまるのである」（「ヨハネによる福音書」第3章36）

このような言葉を聞きますと、私たちは心の安らぎ、救いどころか、背筋が凍りつくような空恐ろしさを感じるのではないでしょうか。

これに対して親神様の残念・立腹は、

このさきのみちをたのしめ一れつわ
神のさんねんはらしたるなら　十二　72

月日にもざねんりいふくはらしたら
あとハめづらしみちをつけるで　十三　36

こらほどにさねんつもりてあるけれど
心しだいにみなたすけるで　十五　16
いかほどにさねんつもりてあるとても
ふんばりきりてはたらきをする　十五　17

と教示されますように、子供たすけたい親心の発現、たすけの一つの現れであると教えられています。また、そのような親の心が、節が親の言うことを聞かないことへの罰のようなものではなく親の慈悲の発露でもあることが、分かってもらえない、そのことが残念なのではないかと悟れます。このように悟らせていただくことによって初めて、『諭達第三号』（立教175年発布）に示されます「あらゆる災厄や難渋は胸の掃除を求められる親心の表れである」ということの意味が、よりよく分からせていただけるように思います。

つまり、節による親神様の掃除があっても、いまだ多く残された天借の返済、ほこりの掃除を、たすけ一条の御用によって、末代にわたって、何度生まれかわりをしても、喜んでさせていただかなければならないということであります。

月日にハせかいぢうハみなハが子
かハいゝばいをもていれども
それしらすみな一れつハめへ〳〵に
ほこりばかりをしやんしている　十七　68
この心神のざんねんをもてくれ
どふむなんともゆうにゆハれん　十七　69
以上のように悟ることができますと、
にち〳〵にをやのしやんとゆうものわ
たすけるもよふばかりをもてる　十七　70
それしらすみなせかいぢうハ一れつに
なんとあしきのよふにをもふて　十四　35
のお歌の意味が、節が起きてほしくない、忌避《きひ》すべき悪《あ》しきのものではなく、それによってほこりを払っていただけるありがたいものであり、親神様の「たすけるもよふ」、たすけの手段、たすけそのものでもあることとして理解されるのではないでしょうか。　十四　36

「いかなる病気も、不時災難も、事情のもつれも、皆、銘々の反省を促される篤《あつ》い親心のあらわれであり、真の陽気ぐらしへ導かれる慈愛のてびきに外ならぬ」

（『天理教教典』59ページ）

前生のさんげ

堺に昆布屋《こぶや》の娘があった。手癖《てくせ》が悪いので、親が願い出て、教祖に伺ったところ、

「それは、前生のいんねんや。この子がするのやない。親が前生にして置いたのや」

と、仰せられた。それで、親が、心からさんげしたところ、鮮やかな御守護を頂いた、という。

（『稿本天理教教祖伝逸話篇』一七二「前生のさんげ」）

『広辞苑』によると、「懺悔」は、さんげ、ざんげとも読まれ、それぞれ「過去に犯した罪を神仏や人々の前で告白して許しを請うこと」「キリスト教で、罪悪を自覚し、こ

れを告白し悔い改めること」と説明されています。これに対して本教の「さんげ」は、さらに深い意味をもっていると思われます。三つのポイントを押さえてみましょう。

第一は、「さんげ」は出直し・生まれかわりを前提としていますので、過去の罪悪の悔い改めといっても今生にとどまらず、前生における心づかい、ほこり、いんねんの自覚と、反省が求められる点にあります。

逸話のなかの親子の前生の関係、親の前生の通り方について、『正文遺韻抄』では次のように説明されています。一部を紹介します。

「是《これ》は前生にて、御前《おまえ》の妻であつたのや。相当な暮《くら》しをして、何不足ないのに、御前が旦那の身でありながら、今の子供の通りの事を、して居たのや。そこで、其《その》妻は、何遍泣いて諫《いさ》めたかわからん。夫《それ》に、一寸《ちょっと》もきかぬ故、世間をはぢて、情《なさけ》ない人や、こんな事してくれねば、立派に通れるのに、むごい事をしてくれると、なげいたり、うらんだりして、それが、つもり〳〵て、死んでしまうた。そこで、この世は、親子となつて、そのりが表れて来たのやで」（161ページ）

父親は、この話を聞いて「いとゞ感じたる様にて、涙をながして、詫《わ》び入り、よろこびて去りたりしに、その後、一月斗《ばか》り経て、再び来り申しけるには、『其の後、すつきり止まりて、今は安心になりました』と、深く御礼述べたりしと、実にふしぎの事にぞありける」と記されています。

簡単に説明しますと、逸話のなかの親とは、娘の父親で、十年前に妻と死別します。手癖の悪い娘は、前生ではその父親の妻でした。父親は前生で相当な暮らしをしているのに盗みを重ね、妻はそのことを嘆いたり恨んだりするうちに死に、今生では娘となって生まれてきました。父親がそのことを心からさんげして、娘の盗み癖が治ったという話です。

つまり、この場合の「さんげ」とは、盗みをする娘の姿に自分の前生の通り方が示され映されていると悟り、それを心からお詫びするということになります。

一れつにあしきとゆうてないけれど
一寸のほこりがついたゆへなり

一 53

おふでさきには、確かに、罪とか罰、業《ごう》、宿業《しゅくごう》というような宿命論的な言葉はありません。「一寸《ちょっと》のほこり」と教えられていますので、簡単に取り除くことができるように思われますが、最初は「一寸のほこり」でも、何回も生まれかわりをするうちに、掃除を怠ると、かなりの量のほこりやいんねんとなり、払うことが難しくなって、ますますほこりを積み重ねていくことになります。

おさしづに、次のように教示されています。

日々八つ〳〵のほこりを諭して居る。八つ諭すだけでは襖《ふすま》に描いた絵のようなもの。何遍見ても美し描いたるなあと言うだけではならん。めん〳〵聞き分けて、心に理を治めにゃならん。この教《おしえ》というは、どうでもこうでも心に理が治まらにゃならん。あちら話しこちら話し、白いものと言うて売っても中開けて黒かったらどうするぞ。

（明治32・7・23）

教祖のひながたを実践しなければならない私たちへの、実に厳しいお言葉と悟れます。日々常にひながたを忘れずに実践しているか、口先だけの信仰になっていないか、今の実践を忘れ、過去の栄光をいつまでも自慢するような信仰になっていないかなど、自省を迫るお言葉と受け取らせていただいております。

ほこりだらけ塵《ちり》だらけでは、誰《だれ》が来るものか。よう聞き分け。大ぼこり〳〵、大ぼこり払《はろ》うた。小《こ》ぼこりは未《ま》だどうもならぬ。すっきりすれば、皆一つの心に治まるやろう。日々の処《ところ》は言うまでやない。万事の処、人々《にんにん》何名の中一つの理を聞き分けたら何かの事も、あれとこれと、これとあれとが、これが濁りの台である。……何事するも言い難《に》くい事もある。こら言い難くいからというて、放《ほ》って置いてはほこりになる。小ぼこりが大ぼこりとなる。……互《たがい》に遠慮は要らん。遠慮は追《つい》しょうになる。追しょうは嘘《うそ》になる。嘘に追しょうは大ぼこりの台。この理さえ聞き分けるなら、日々吹き払うようなもの。
（明治31・5・9）

「大ぼこり払うた」とは、大節によってほこりの大掃除を具体的な形で行ったということで、「小ぼこり」は日々、皆の者が積んでいるほこりであると理解しますと、このおさしづは、立場の相違や役割の違いを超えて、皆が一手一つになって、たすけ一条の御用を勇んでつとめさせていただくことが、日々積もるほこりを「吹き払う」掃除になるということを教えられているように悟らせていただくことができます。

そのためには当然、談じ合いが必要となります。

皆談じ合《お》うて通りてくれ。大きい心を持って通れば大きい成る、小さい心を持って通れば小そうなる。親が怒って子供はどうして育つ。皆、をやの代《かわ》りをするのや。満足さして連れて通るが親の役や。（明治21・7・7）

親子の立場に関係なく、それぞれが相手の立場に立って、皆で談じ合って相手を満足させること、それが「をやの代り」をすると教えられていると悟れます。互いに不足し合うと、そこには談じ合いが成立しません。そのことを厳しく教えられているのでしょうか。

前生いんねんの自覚は極めて難しいものですが、これによって真の自分に目覚めることができ、最近特に求められている弱者、敗者、劣者への思いやり、いたわりの心、たすけの心が生まれ、また他人を許せる寛容の心になれるのではないでしょうか。

第二のポイントは、「たんのうは前生いんねんのさんげ」と教示されますように、「さんげ」は「たんのう」を伴っている点であります。

『天理教教典』に、「たんのうは、単なるあきらめでもなければ、又《また》、辛抱でもない。日々、いかなる事が起《おこ》ろうとも、その中に親心を悟つて、益々《ますます》心をひきしめつつ喜び勇むことである」（75～76ページ）と明示されていますが、この「親心」とは、具体的には親神様が節によって心づかいの反省を求められるとともに、節によってほこりを掃除してくださり、陽気ぐらしに一歩近づけるようにしてくださっていることと、いんねんの割には大難を小難にして見せてくださっていることと考えられます。

第三のポイントは、「さんげ」は将来に向かっての心定めによって初めて受け取っていただけるという点であります。

おさしづに、「これから生涯先の事情定めるのがさんげ。さんげだけでは受け取れん。それを運んでこそさんげという」（明治25・2・8）、「さんげだけ」（明治29・4・4）と示されます「心定め」は、単にこれからは間違った心づかいをしません、というような消極的なものではなく、これから親神様によって生かされている大恩と、教祖によっておたすけいただき、お導きいただいていることへのご恩報じを、生涯末代たすけ一条を通してさせていただくという心定めであり、この心定めの実行によって、前生いんねんの切り換えというご守護を見せていただけるのであります。「身のさんげ心のさんげ理のさんげ、どうでもこうでもせにゃならん」（明治32・10・2）ともご教示いただいています。

前生のさんげ、前生いんねんの自覚は、原罪や宿業の自覚のように、私たちを虚無的にさせ、あの世や彼岸での救済を空しく志向させるものではなく、逆に、この世でのたすけ一条による真の救済の成就《じょうじゅ》を可能にするものであります。また、たすけ一条のエネルギーは、生かされている大恩への報恩の念と、より徹底した前生いんねんの自覚によってもたらされ、その両者がいま、希求されているのではないでしょうか。

金銭は二の切り

「命あっての物種と言うてある。身上がもとや。金銭は二の切りや」
「早く、二の切りを惜しまずに施しして、身上を救《たす》からにゃならん」
「惜しい心が強いというは、ちょうど、焼け死ぬのもいとわず、金を出しているようなものや。惜しいと思う金銭・宝残りて、身を捨てる。これ、心通りやろ。そこで、二の切りを以《もっ》て身の難救かったら、これが、大難小難という理やで」

（『稿本天理教教祖伝逸話篇』一七八「身上がもとや」）

教祖はここで、「金銭は二の切り」と教えられています。「二の切り」とは、二番目に大切なものという意味ですが、では一番大切なものは何でしょうか。

古来、宗教において金銭や富は卑《いや》しいもの、人の心を惑わす否定的な価値しか持たないものと見なされてきました。キリスト教では、

「だれも、ふたりの主人に兼ね仕えることはできない。一方を憎んで他方を愛し、あるいは、一方に親しんで他方をうとんじるからである。あなたがたは、神と富とに兼ね仕えることはできない」（「マタイによる福音書」第6章24）

「もしあなたが完全になりたいと思うなら、帰ってあなたの持ち物を売り払い、貧しい人々に施しなさい。そうすれば、天に宝を持つようになろう」（同第19章21）

と教えられ、富よりも神の国、神の義を求めること、つまり信仰が大切なものと見なされ、金銭には消極的な価値しか認められていません。

仏教においても、道元禅師は同じことを説いています。

「学道の人は先《ま》づすべからく貧なるべし。財多ければ必ずその志を失ふ」（仏道を学ぶ人は、まず必ず貧乏でなければいけない。財宝が多いとその志がくじける）

「僧は一衣《いちえ》一鉢《いっぱつ》の外は財宝を持たず、居所を思はず、衣食《えじき》を貪らざる間、一向に学道す。是《こ》れは分々皆得益《とくやく》有るなり。その故は、貧なるが道に親しきなり」（僧はお袈裟《けさ》一枚と、

応量器（引用者註：僧侶が托鉢《たくはつ》のときに用いる鉄鉢）一個のほかは財宝を持たず、住居を考えず、衣食をむさぼらないから、ひとむきに仏道を学ぶ。こうした人はそれぞれ分に応じてみな益を得ることがある。そのわけは、貧乏なことが仏道に親しいのである）

（水野弥穂子訳『正法眼蔵随聞記』、筑摩叢書、169〜170ページ）

ここでは、学道、求道心、信心にとって、財は邪魔なものと見なされています。

世間でも、「地獄の沙汰《さた》も金次第」「金の切れ目が縁の切れ目」などのことわざに示されますように、金銭にはマイナスのイメージがつきまといやすいのですが、この場合、金銭に対置されているのは、貧しくとも清らかな心、高貴な精神ではないでしょうか。旧制一高の寮歌『嗚呼《ああ》玉杯に花うけて』のなかにある「栄華の巷低《ちまた》く見て」には、世間の人が血眼《ちまなこ》になって追求している富や栄達を見下ろせる高邁《こうまい》な精神が誇らしげに示されています。

また、トマス・モアは、次のように記しています。

「金や銀でだいたい彼らは何をつくるかといえば、実に便器である」「およそ考えられるあらゆる手段方法を通じて、金銀を汚いもの、恥ずべきものという観念を人々の心に植えつけようとするのである」

（『ユートピア』岩波文庫、103ページ）

ユートピア（桃源郷）では、人々の心が清浄潔白であるために、もはや金銀への執着はないと考えられやすいのですが、金銀を汚さの象徴である便器にあえて使うところに、金銀へのとらわれや嫌悪感があるように思われます。

これまでの見方では、現世否定の信仰や精神が金銭よりも大切なものと見なされていますが、金銭の価値が否定されればされるほど、その反動として、最近の風潮に見られますように金儲けを人生の目的、最高の善とする、拝金主義や経済至上主義、市場原理主義がはびこったり、ＩＴ成り金や勝ち組と称せられる人々が大手を振って闊歩《かっぽ》したりすることが助長されるのではないでしょうか。

では、本教ではどのように考えられるのでしょうか。

「命あっての物種」「身上がもとや」は、生きているうちが花で死ねば終わり、というような常識的な意味で仰せられたのではなく、金銭に対置されるのは心や精神ではなく生命であること、生命の尊厳の前に金銭等の価値が相対化され低いものになるということ、を教えられているのではないでしょうか。

分かりやすく言うと、人間の身体《からだ》は約六十兆個の細胞から成り立っているといわれます。細胞に値段はつけられませんが、仮に一個一円としますと、身体全体では六十兆円になります。ということは、私たちは物や財産がなくても、地位や立場、身分の上下に関係なく、ただ生命がある、生かされているというだけで、六十兆円の価値のご守護を頂いているということになります。

このような視点に立って初めて、たとえ何百、何千億の富であっても、その価値が相対化され、単に第二義的なもの、その獲得が目的とされるようなものではなく手段にすぎないものであって、その得失に一喜一憂する価値のないものと受け取れるようになるのではないでしょうか。

おさしづに、「百万の物持って来るよりも、一厘《りん》の心受け取る」（明治35・7・20）と教示されています。また、『稿本天理教教祖伝逸話篇』七「真心の御供《おそなえ》」に、「多くの信者の人々が時々の珍しいものを、教祖に召し上がって頂きたい、と言うて持って詣《まい》るようになったが、教祖は、その品物よりも、その人の真心をお喜び下さるのが常であった。そして、中に高慢心《こうまんしん》で持って来たようなものがあると、側《そば》の者にすすめられて、たといそれをお召し上がりになっても、『要《い》らんのに無理に食べた時のように、一寸《ちょっと》も味がない』と、仰せられた」とあります。

「貧者の一灯」という言葉もありますが、これは、信仰においては物や金銭は必要ではない、神へのお供えの多少は問題とならない、真心だけあればいい、ということを教えられているわけではありません。「一厘の心」「真心」とは、常識的な意味ではなく、生かされている大恩への報恩の心、無欲のたすけ一条の心であって、その心の有無が問題とされているわけです。その心がより大きければ、「富者の万灯」のほうが「貧者の一灯」よりはるかに尊く、神様により受け取っていただける場合も考えられます。

さあ〳〵実があれば実があるで。実と言えば知ろまい。真実というは火、水、風。さあ〳〵実を買うのやで。価《あたい》を以《もっ》て実を買うのやで。

（明治20・1・13）

このおさしづは、真実の心があれば親神様の真実のご守護がある、ということを教えるお言葉ですが、「価」を命の代価と考えますと、それは命がけで真剣なたすけ一条の行為であるとともに、命の身代わりとしての金銭（財産のことを身代《しんだい》ともいいます）でもあると悟ることができます。

「二の切りを以て身の難救かったら、これが、大難小難という理」とは、金銭のおつくしによってたすけていただけるということですが、これは、救済には金銭が絶対に必要で金銭がないと身の難はたすからない、金銭のお供えが多いとより多くのご守護を頂ける、ということでは決してありません。また、救済において金銭は不要であるということでもありません。

金銭はあくまでも手段、人と物、人と人をつなぐ働きをするものであって、報恩の心をもって物を生かし、人を喜ばせ、人をたすけるために使われて初めて生きたもの、積極的な意義をもつものとなり、親神様に受け取っていただけるようになります。

そのような金銭は、形はなくなっても「目に見えん徳」（『稿本天理教教祖伝逸話篇』六二）となって身につき、「月々年々余れば返《か》やす」（明治25・1・13）と教えられますように、必要なときにお与えくだされ、さまざまなご守護を頂く元となります。

教祖が五十年のひながたの前半、約二十五年の間、貧に落ち切る道中によって私たちに教えられたことの一つの意味は、たすけ一条の一つの形としての、生かされている大恩への報恩としての、おつくし一条であったと悟らせていただけると思います。

悪風というものは

「さあ〳〵悪風に譬《たと》えて話しよう。悪風というものは、いつまでもいつまでも吹きやせんで。吹き荒れている時は、ジッとすくんでいて、止んでから行くがよい。

悪風に向こうたら、つまずくやらこけるやら知れんから、ジッとしていよ。又、止んでからボチボチ行けば、行けん事はないで」

「さあ、一時に出たる泥水、ごもく水やで。その中へ、茶碗《ちゃわん》に一杯の清水《せいすい》を流してみよ。それで澄まそうと思うても、澄みやすまい」

（『稿本天理教教祖伝逸話篇』一八三「悪風というものは」）

これは明治十八、九年ごろ、僧侶、神職その他、世間の反対攻撃が激しくなってきて、一部の者が、それらに対する積極的な抗争を訴えたときに、教祖が諭されたお言葉です。私たちにとっても、節に対処するうえで大切なことを教えられているように思われます。

明治二十九年四月六日、政府による本教への弾圧を意図する秘密訓令が発布されました。これによって、たすけ一条の道が阻止され、さまざまな改革を余儀なくされます。松村吉太郎《まつむらきちたろう》著『道の八十年』によりますと、

「一、本部では従来の神楽《かぐら》勤めを改めて、御面を机上に備え、男子のみでお勤めをし、『ちよとはなし』と『かんろだい』のつとめだけにすること。

一、朝夕のお勤めも同列のこと。

一、医師の手を経ない以上は、みだりにおたすけをしないこと。

一、教会新築工事は華美にわたらぬよう、注意すること。教会設置も、みだりに許さないこと。

一、神符守札《しんぷまもりふだ》に対する件は神鏡を以《もっ》て信仰の目標とし、本部より下附するものに限ること。産屋御供《おびやごく》は熱心な信者に限り授与すること。御守《おまもり》は席順序を運ぶ者に限ること。

一、教理の説き方を一定すること。
一、天理王命を天理大神と称し奉ること。
一、楽器は三味線、胡弓を用いないこと」（113〜114ページ）
等の実施要目を決定しています。

この一件一件について神意を伺い、お許しを頂かれますが、このことは秘密訓令の発布から十五日後の「内務省訓令発布相成りしに付、心得まで伺」に対する、「これがならんと言えばはい、いかんと言えばはい、と、答えて置け」（明治29・4・21）との指示によると思われます。

同日のおさしづに、次のようなお言葉もあります。

反対する者も可愛《かわい》我が子、念ずる者は尚《なお》の事。なれど、念ずる者でも、用いねば反対同様のもの。

これは、親神様・教祖の親心を示されるとともに、信仰は神一条の実践が大切であり、これがないと信仰に反対しているのと同じであることを意味していると思われますが、その前にある「一時見れば怖《こ》わいようなもの。怖わい中にうまい事がある。水が浸《つ》く、山が崩れる。大雨や〳〵。行く所が無いなれど、後はすっきりする」や、このあとに続く「道の中の反対は、肥《こ》えをする処《ところ》を流して了《しま》うようなもの」は、どのような意味をもつのでしょうか。

これは、「泥水すっきり流して了う。泥水の間は、どんな思《し》やんしてもどうもならん」とも言われていますように、泥、ほこりの心を掃除するための大節であり、「道の中の反対」する者をはっきりさせる、という意味をもっと思われます。

『道の八十年』によりますと、「黒ほこり、泥ぼこり立ち切ってある。この黒ほこり、泥ぼこりの中で、どうして守護出来るか」（明治30・2・1）とのおさしづにある「黒ほこり、泥ぼこり」とは、橋本清、前川菊太郎の二人のことで、それぞれ明治三十年十一月十三日、十二月十一日に辞表を提出したことから、おさしづを仰いでいます。

両人は明治三十一年、本部を相手に五千円を恐喝しようとし、橋本は翌年『天理教会の内幕』（一部の信者の教理の誤解を針小棒大にしたためたもの）をちらつかせ、再度の恐喝事件を起こしたことが、内務省と神道本局に提出した上申書のなかに記されています。

また、明治三十年には平安《へいあん》支教会の飯田岩治郎会長が水屋敷事件（安堵《あんど》事件ともいう）を起こします。

飯田は、教祖から水のさづけを頂き、不思議なご守護を見せていただいていましたが、そのうちに月よみのみことの天啓を受けたと称し、本部は火の屋敷で平安の屋敷は水屋敷、水は火にまさるので、この水屋敷が元初まりの屋敷である、と唱えるようになります。

この件に対して、おさしづを伺うと、「水屋敷と言うた事は無い。人に授けたる」（明治30・8・2）、「二所《ふたところ》も三所《みところ》も出来るものなら、元のやしきは要《い》らんもの。元分かららんから、そういう事するのや」（明治30・11・13）と厳しく戒められています。

慶応元年（一八六五年）の助造事件に続く異端の発生に対して、本部員会議の結果、十一月十八日に飯田は免職となり、平安支教会は竜田へ移され、板倉槌三郎《いたくらつちさぶろう》さんが新たに会長に就任されます。こうして一件落着をみますが、助造事件とは本質的に、解決においてて相違があるように思われます。

水屋敷事件では会長の免職・交代、教会の移転という法的な措置が講じられただけで、異端という泥は、いわば蓋《ふた》をかぶせられただけではないでしょうか。水のさづけの効能に対する慢心、親神様・教祖のお働きを無視する自分の力への過信という、高慢の心は少しも払われることのない、表面的な解決といえるでしょう。茶碗一杯の清水で泥水を「澄まそうと思うても、澄みやすまい」とは、そういう意味ではないでしょうか。

水屋敷事件では、泥を見えない所へ移したにすぎないのに対して、助造事件では「助造も金剛院も、平身低頭して非を謝した」（『稿本天理教教祖伝』66ページ）のみならず、人足をこしらえて土産をお屋敷まで届けています。教祖は、助造の異端（針ケ別所村が本地で、庄屋敷村は垂迹《すいじゃく》と唱えること）に対しては、断固たる態度で厳しく対応されていますが、半面では、事前に三十日間の断食（「たすけ一条の台」という意味）をなされ、「わからん子供が、わからんのやない。親のをしへがとどかんのや」と思召《おぼしめ》されて、「あいそをつかさず、くりかやし〳〵御親切におとき聞かし被下《くだされ》ました」（『正文遺韻抄』56ページ）ことによって、助造が非を詫《わ》びるようになり、異端の泥は払われたのではないかと悟らせていただきます。助造の、神名だけ唱えさせてくださいとの願いにも「唱へる丈《だけ》はゆるしておかうと被仰下《おおせくだされ》て、まづ何事もなく治まつて、おかへりあそばされました」（同60ページ）とのことでした。

ここに、教祖の親心の偉大さを偲《しの》ばせていただくとともに、異端やお道に対する反対攻撃への対処の仕方や、真の解決の難しさを感じさせていただくことができます。

また、悪風が「止んでからボチボチ行けば、行けん事はないで」というお言葉に示されますように、節に際して、節はほこりの掃除をしてくださっているのだと悟り、親神様、存命の教祖を信じきり、一時期の間、じっと耐えることも大切であることを学ばせていただけるように思われます。

どこい働きに

「どこい働きに行くやら知れん。それに、起きてるというと、その働きの邪魔になる。ひとり目開《あ》くまで寝ていよう。何も、弱りたかとも、力落ちたかとも、必ず思うな。

そこで、指先にて一寸《ちょっと》知らせてある。その指先にても、突くは誰でも。摘《つ》もみ上げる力見て、思《し》やんせよ」

「この世界中に、何にても、神のせん事、構わん事は、更《さら》になし。何時、どこから、どんな事を聞くや知れんで。そこで、何を聞いても、さあ、月日の御働きや、と思うよう。これを、真実の者に聞かすよう」


（『稿本天理教教祖伝逸話篇』一八五「どこい働きに」）

これは明治十九年（一八八六年）三月十二日、山中忠七さんと山田伊八郎さんがお屋敷に帰らせていただいたときに、教祖が仰せられたお言葉です。

『稿本天理教教祖伝』には、次のように記されています。

「明治十八年になると、教祖は八十八歳。この年、北の上段の間の南につゞく二間通しの座敷で、米寿を祝われたが、その席上、教祖は、当年二十歳の眞之亮と前川菊太郎の二人を、同時に背負うて、座敷を三周なされた。並み居る人々は、驚きの眼《め》を見はった」（276ページ）

しかしながら翌年には、外見上、大変弱っているようになられます。教祖は、その年二月十八日から三月一日まで、櫟本《いちのもと》分署で最後の御苦労をなされ、分署からお帰りになって以来、連日お寝《やす》みになっておられましたが、そのようなかで仰せられたのが、このお言葉であります。

教祖は「何も、弱りたかとも、力落ちたかとも、必ず思うな」と仰せられ、両名の手の皮をおつまみくだされると、まことに大きなお力で、手の皮が痛いほどであったといわれています。また、「他《ほか》の者では、寝返《ねがえ》いるのも出けかねるようになりて、これだけの力あるか」とも仰せられています。

親神様は、刻限刻限に「此処《このところ》、とめに来るのも出て来るも、皆、親神のする事や」と、また教祖の御苦労については「親神が連れて行くのや」、官憲の取り締まりや干渉については「埋《おぼ》りた宝を掘りに来るのや」、また拘留、投獄などの出来事に際しては「ふしから芽が吹く」（いずれも『稿本天理教教祖伝』290ページ。同様のお言葉が『稿本天理教教祖伝逸話篇』一五四「神が連れて帰るのや」にも示されています）などと教示され、「その時その事柄に応じて、眼の前の出来事の根柢《こんてい》にある、親神の思召《おぼしめし》の真実を説き諭して、人々の胸を開きつゝ、驚き迷う人々を勇まし励まして連れ通られた」（同290～291ページ）と記されています。

このことは、教祖に関するあらゆる出来事はすべて、親神様の思惑のもとにされることであり、教祖を台として私たちを仕込むためのものであると悟れます。では、何を仕込もうとされたのでしょうか。

最後の御苦労の後に、次のようなお言葉があります。

「(明治十九年五月三日　神様仰せ、並びに飯降様扇伺言葉)
……神様の御身のさわり。此耳もきこへず、めもみゑん。こへもでず。是ヲ世界にハ、なんとおもうやろふ。さあ人げんにしてもおなじ事。きびしいはたらく時ハ、戸をしめてでてはたらくやろふ。人が来ルとて、此内ハ留主《守》かいなとゆふよふにして、はたらくであろふ。そといでてはたらくとも、内にいてはたらくとも　おなじ事」
(『根のある花・山田伊八郎』89ページ)

「きびしいはたらく時ハ、戸をしめてでてはたらく」の「戸をしめて」とは、人が来ても留守の状態、教祖のお身体《からだ》が不自由になられているとき、と考えますと、教祖はそういう状態であられても、御魂は時空を超えて世界たすけに働いておられる、むしろそういう状態のほうが身体的制約が少ないので、より自由なお働きができる、と考えることができないでしょうか。

「そといでてはたらくとも、内にいてはたらくともおなじ事」の、「そといでて」を「現《うつし》身《み》をかくされて」、「内にいて」を「現身を持たれていて」と理解しますと、教祖は「月日のやしろ」であらせられますので、現身をかくされてからは言うまでもなく、五十年のひながたにおいても、「存命の理」としてのお働きを具体的、現実的になされていたと考えられます。

したがって最後の御苦労についても、親神様が教祖のお身体を台として、「存命の理」とともに月日親神様の根源的な守護（「さあ〳〵月日がありてこの世界あり、世界ありてそれ〳〵あり、それ〳〵ありて身の内あり、身の内ありて律あり、律ありても心定めが第一やで」〈明治20・1・13〉によって教えられています）を教え、仕込まれたと悟らせていただけます。櫟本分署での打擲《ちょうちゃく》説は、たとえそれが事実であっても事実でなくても、「存命の理」と月日親神様の守護の分からない、否、分かろうとしない私たちへの、親神様からの厳しい信仰的自立を求められる仕込みであり、それが分かるようになって初めて、存命の教祖に心からのさんげができ、本当のたすけ一条の心定めができるようになるのではないでしょうか。

明治二十年二月二十四日のおさしづで、「百十五才、九十才、これも分からん。二十五年不足、どうであろう。これも分からん」の後に「これから先というは、何を聞いても、どのよの事を見ても、皆楽しみばかり。楽しみや」と諭されています。

なぜ、おまえたちは「存命の理」が分からないのか、分かろうとしないのか、との悲痛なお嘆きとともに、「存命の理」を信じきり、たすけ一条に勇躍邁進《まいしん》するとき、「存命の理」を通しての不思議なたすけを次々に見せていただけることを教えられていると悟れます。

教祖は現身をかくされても「月日のやしろ」であらせられ（現身は「やしろ」の扉であって、現身をかくされても扉がなくなるだけで「やしろ」はそのまま持続し、存在しています）、その具体的な目に見えるお働きが「存命の理」であります。「月日のやしろ」となられてからは、現身を持たれているときも現身をかくされてからも変わることなく、現実的で具体的なご守護を通して、教祖は今もなお、お働きになっていると悟らせていただきます。

「存命の理」とは決して、教祖が現身をかくされた、その瞬間に初めてお働きが始められたものではありません。「存命の理」について、「相対的、特殊限定的存在であった教祖が、姿をおかくしになることによって、時間的な永遠性を得られるとともに、絶対的、普遍的な存在となられたのである」という見方があります。しかし、この見方では、教祖は現身をかくされて初めて人間から神になられ、初めて「存命の理」が成立すると誤解されるおそれがあります。教祖が「月日のやしろ」であらせられたということは、現身を持たれていても魂においては、身体的制約はありますが絶対性をもたれ、時間・空間を超えてお働きを示すことができた。この意味で「存命の理」としての立場をもっておられたと悟ります。

荒川善廣氏は次のように述べられています。

「『月日のやしろ』となった教祖の魂は、本来そのような（全宇宙的な広がりをもつ）意義をもつ場所であったが、明治二十年までは、扉が閉められた状態であったので、身体的な制約のため、その働きが局限されていたのである」（『「元の理」の探究』27ページ）

氏は、明治二十年までにも、教祖の、現身を持たれたままでの「存命の理」としてのお働きが、「局限されて」はおりますが、存在し得たことを認めています。

いまゝでハみすのうぢらにいたるから

なによの事もみへてなけれど　六 61
このたびハあかいところいでたるから
とのよな事もすぐにみゑるで　六 62

このお歌は、明治七年に教祖が赤衣《あかき》を召され、目に見える形で「月日のやしろ」であることを示されたと説明されますが、よく検討しますと、「存命の理」としてのお立場を示されたとも解せます。「みすのうぢら」、つまり御簾《みす》の内側にはお社《やしろ》があり、その扉もあります。神道祭祀《さいし》では祭りのときにお社に献饌《けんせん》をして、扉が開けられます。そして神を招くわけですが、教祖が現身をかくされるときに「扉を開いて」世界たすけに出られたことを考えますと、「扉」とは教祖の現身のことであり、このときも扉を少し開いて「存命の理」としてのお働きを示し始められたと悟れます。

教祖は明治七年十二月二十六日、赤衣を召され、すぐに四名の者に身上だすけのさづけを渡されています。「存命の理」の具体的なお働きが、おさづけと、おまもり（お召しおろしの赤衣）、御供《ごく》、をびや許しなどを通して示されることを考えますと、納得できるのではないでしょうか。

次のようなおさしづがあります。

世界からあんな阿呆《あほ》は無い。皆、人にやって了《しも》て、後どうするぞいなあ、と言われた日は何ぼ越したやら分からん。三十五年後《あと》、九月十月以来、道筋杖柱《つえはしら》として理を始め掛けた。どうでもよいと思てはならん。

（明治32・2・2）

「三十五年後」とは、天保九年の立教から数えますと、明治六年に当たります。ということは「道筋杖柱として理を始め掛けた」とは、その翌年の「九月十月以来」の十二月二十六日に、教祖が赤衣を召されるとともに、四名の者に「さづけ」を渡され、それを通しての「存命の理」としてのお働き、つまりたすけ一条のお働き（道筋）を本格的に始めかけられたこと。そして、それが「杖柱」であって、「どうでもよい」ことではなく、重要なことであることを教えられていると悟れます。

十一に九がなくなりてしんわすれ
正月廿六日をまつ　　三　73

このお歌は、『おふでさき註釈』には「教祖様が現身をおかくしになることを示されたもので、教祖様御在世中は教祖様を目標として社会の迫害がだんだん激しくなるので、かくては道が遅れるから、教祖様は二十五年の御寿命をお縮めになり姿をおかくし下され、世間の圧迫を少くして道を弘《ひろ》めるもよう立てをする。それまでに真柱も定まり、かんろだいも建設されるから、皆々の心を澄まして、早く人衆そろえてつとめごしらえに取り掛かるようにせよ、とお諭しになったのである」と説明されています。

　このお歌は明治七年のものですので、親神様はこの時点で、明治二十年の「扉開いて」を決定されていたと考えますと、「扉を開いて」か「扉を閉まりて」かという神人問答は無意味となるように思われます。

　明治二十年までの十三年間は、明治八年に「ぢば」が定められ、それからおつとめの完成に向かって準備が進められていきます。それとともに、現身の教祖に依存してご守護を期待する、単に親心に甘える、たすかることだけを願う信仰から、教祖の背後、根底にある月日親神様と、「月日のやしろ」としての教祖にもたれる神一条の信仰、「存命の理」への信仰、おつとめとともにおさづけの取り次ぎによる人だすけの信仰、実践という信仰的自立の確立を、人々に求められたのではないでしょうか。それを、明治七年から始まる教祖の御苦労を通して、教祖のお身上を台にして仕込まれたように悟れます。

明治十五年の官憲による石造りのかんろだいの没収の意味も、この観点から理解できると悟れます。

さあ〳〵正月二十六日と筆に付けて置いて、始め掛けた理を見よ。さあ〳〵又正月二十六日より、やしろの扉を開き、世界ろくぢに踏み均《なら》しに出て始め掛けた理と、さあ〳〵取り払うと言われてした理と、二つ合わして理を聞き分けば、さあ〳〵理は鮮やかと分かるやろ、と。　（明治22・3・10）

このおさしづのなかの一つの理は、明治二十年陰暦正月二十六日のことであることはすぐに分かりますが、もう一つの理を、明治十五年の二段まで出来たかんろだいの取り払いと考えますと、ともに信仰的自立（現身の教祖に依存しないこと、また「かんろだい」を祈願の対象のご神体のように見なさないこと）や、成人を促される、親神様の子供可愛《かわい》いゆえの大節と悟らせていただくことができます。

かんろだいの取り払いについては、次のように示されています。

それをばななにもしらさるこ共にな
とりはらハれたこのさねんわな　十七 38
このざねんなにの事やとをもうかな
かんろふ大が一のざんねん　十七 58

このおふでさきについては、『稿本天理教教祖伝』に「親神の意図を悟り得ぬ者により、かんろだいの石を取り払われたのは、子供である一列人間の心の成人が、余りにも鈍く、その胸に、余りにもほこりが積もって居るからである」（238ページ）と説明されています。「親神の意図を悟り得ぬ者」とは官憲のみならず、これまで教祖についてきて信仰している人々でもあり、親神様が、現身を持たれた教祖に甘えてご守護を期待する信仰から、「存命の理」に基づくおさづけとおつとめによるたすけ一条の信仰へと成人させるために、かんろだいを取り払わせたと悟れるのではないでしょうか。

かんろだいの取り払いと立て合って、おつとめの第三節が「いちれつすます」から「いちれつすましして」へと変更されますが、「いちれつすまして」とは、私たちが何もしなくても親神様・教祖が世界の人々の心のほこりを払ってくださるということではなく、あくまでも、おつとめとおさづけを中心とするたすけ一条によって、ということであって、おさづけについては明治十五年から本格的な準備がなされることになります。「さあ、これまで子供にやりたいものもあった。なれども、ようやらなんだ」（明治20・2・18）というおさしづの「子供にやりたいもの」とは、おさづけのことで、「ようやらなんだ」理由はいろいろ考えられると思いますが、私たち子供が成人していないことと、おさづけを渡す準備ができていなかったことが考えられます。

教祖はまず、飯降伊蔵先生を明治十五年三月二十六日にお屋敷に住み込ませ、「仕事場」の立場を与えられます。教祖に代わって時々、神の言葉を取り次がれる立場で、最初はほこりっぽい場所でしたが、これを錦の仕事場に清めて、本席と定めて、おさづけを渡されることになります。

本席定めのおさしづには、次のように示されています。

やりたいものが沢山《たくさん》にありながら、今までの仕事場では、渡した処《ところ》が、今までの昵《じっ》懇《こん》の中である故に、心安い間柄で渡したように思うであろう。この渡しものというは、天のあたゑで、それに区別がある。……さあ〳〵本席と承知が出けたか〳〵。

（明治20・3・25）

おさづけとは、まじないや祈祷《きとう》ではなく「天のあたゑ」であり、存命の教祖から頂くもの。その取り次ぎによって、「存命の理」のお働きであるご守護を見せていただけるものであります。

「さづけの理は、たすけ一条を誓う一日の日の真心に授けられる、生涯末代の宝であって、この理をうけて、親神のよふぼくの馳《は》せ巡るところ、広い世界に不思議なたすけは相ついで現れる」

（『天理教教典』23ページ）

陽気ぐらし

月日にわにんけんはじめかけたのわ
よふきゆさんがみたいゆへから　一四 25

せかいにハこのしんぢつをしらんから
みなどこまでもいつむはかりで　一四 26

このさきハせかへぢううハどこまでも
よふきづくめにみなしてかゝる　一〇 103

と仰せられている。陽気ぐらしこそ、人間生活の目標《めど》であり、理想である。これを実現しようと、よふきづとめを教えて、たすけ一条の道をつけられた。

（『天理教教典』34～35ページ）

本教では、親神様の人間創造の目的が「陽気ぐらし」であると明確に教示されています。

「ムック天理」第二号『人間誕生』には、世界の民族神話のなかから、中国をはじめ、インド、エジプト、ギリシア、ローマなどの、天地、人間、神々の誕生・創造に関する十七の神話が紹介されていますが、そのなかに人間創造の目的を教えるものは一つもありません。

キリスト教の旧約聖書では、「神は自分のかたちに人を創造された。すなわち、神のかたちに創造し、男と女とに創造された」（「創世記」第1章27）、「主なる神は土のちりで人を造り、命の息をその鼻に吹きいれられた。そこで人は生きた者となった」（同第2章7）、「主なる神は人を深く眠らせ、眠った時に、そのあばら骨の一つを取って、その所を肉でふさがれた。主なる神は人から取ったあばら骨でひとりの女を造り、人のところへ連れてこられた」（同第2章21、22）と、このように人間と男女の創造が記されていますが、その目的については一切述べられていません。

この人間創造の目的である「陽気ぐらし」とは、神人和楽の陽気世界のことであり、その完成は神と人との協働によって、この世において実現すると教えられています。

こゝはこのよのごくらくや
わしもはや〳〵まゐりたい　　四下り目　9
よくにきりないどろみづや
こゝろすみきれごくらくや　　十下り目　4

とみかぐらうたに歌われていますが、本教の「ごくらく」は、他宗に見られるように、この世とは別の彼岸やあの世にあるのではなく、あくまでもこの世（「ここ」とは教祖のおられるお屋敷、ぢばを指しますが、後者のお歌からは必ずしも場所的に限定されず、この世のどこにおいても、と考えられます）にあり、心のほこりを払い、心を澄みきらせることによって実現されると教えられています。また本教においては、この陽気ぐらしの究極の姿である「ごくらく」が、単にこの世で実現できると指示されるだけではなく、そのありさまが次のように具体的に教示されています。

「とりめがさだまりた」（一下り目10）、「いつもほふさく」（十二号96）、「むほんのねえをきらふ」(二下り目6)、「やまひのねをきらふ」(二下り目8)、「ところのをさまり」(二下り目10)、「せかいよのなかところはんじよ」(一号9)、「百十五才ぢよみよ」(三号100)、「やまずしなすによハらすに心したいにいつまでもいよ」(四号37)、「雨は六さい夜々降り、風は五日に、働きは半日」(『しあわせを呼ぶ心』〈改訂新版〉294ページ)、「こふ《子》お《を》ほしいと思ひ《え》ハ《ば》、何《い》時成共《つなりとも》。男子と思へハ、男子。むすめの子と思へハ、女子」(『根のある花・山田伊八郎』70ページ)

さて、おふでさきでは、親神様による人間創造の目的である陽気ぐらしを、「よふきゆさん」という言葉で教えられています。この「遊山」とは、『広辞苑』には「①山野に遊びに出ること。②禅家で、すでに修行を終えた後、諸方に遊歴すること。③遊びに出掛けること。気晴しに外出すること。行楽」と示されています。

また、「よふきつ(づ)くめ」という語が、おふでさきに十九回出てきます。

いまゝでと心しいかりいれかへて
よふきつくめの心なるよふ　十一　53

この心どふしてなるとをもうかな
月日たいない入こんだなら　十一 54
にち〳〵にひとり心がいさむなり
よふきづくめの心なるよふ　十一 55
月日よりにち〳〵心いさめかけ
よふきつくめにしてかゝるでな　十一 56

これらのお歌から、陽気づくめの心は、親神様が私たちの心を日々勇めかけることによって求められているものですが、その心は、私たちのたすけの心を受け取って、体内に入り込んで、ほこりの掃除をしてくださることによって初めて可能となると悟れます。

にち〳〵によふきづくめとゆうのわな
いかなる事やたれもしろまい　七 93

このお歌は、節のなかに、節を通してのほこりの掃除によって、陽気づくめの心が可能になることを示唆されているのかもしれません。

おさしづには、「陽気づくめ」が一回、「陽気遊び」が十五回、「陽気ぐらし」が五回、「陽気遊山」が二回出てきます。「ごくらく」との関係を考えますと、これらは「ごくらく」の境地の主として主観的（勇み、喜び、楽しみというような感性的、情緒的な面を含む）側面と考えられます。

次のおさしづの意味を考えてみましょう。

難しい道はをやが皆通りたで。をやの理思えば、通るに陽気遊びの理を思え。
（明治21・10・12）

これは、「道の上の土台据えたる事分からんか。長い間の艱難《かんなん》の道を忘れて了《しま》うようではならん」（明治34・2・4）と合わせて考えますと、「難しい道」「長い間の艱難の道」は、ともに教祖ひながた五十年の道中と悟れますので、「陽気遊び」が可能となるのも、その道、つまり教祖がひながたの親として艱難苦労のなかをお通りになった道中、たすけ一条の「道の上の土台」によってであると理解できます。

また、次のようなおさしづもあります。

陽気遊びと言えば、今日もあちらへ遊びに行く、何を見に行く。陽気遊びとは、目

に見えたる事とはころっと格段が違うで。（明治23・6・20）

ここに二つの「陽気遊び」が出てきますが、両者は明らかに意味が異なっていると悟れます。前者は常識的な意味の遊び、物見遊山的な遊びで、人々が求めるものですが、後者は親神様によって求められている遊びで、「目に見えたる事」と格段に違う、質的に相違がある遊び、つまり、目に見える客観的な条件（物や金、住居や健康など）の多寡《たか》に依存しない遊び、節などの出来事に出合ってもできるような遊びで、すべて成ってくることを親神様の「たすけるもよふ」と受け取り、常に喜びと勇みを伴う遊びを、親神様は望んでいると悟ることもできます。

このことは、次のおさしづからも悟れるように思います。

さあ〳〵思うようになったら、身上今日もや〳〵、長らく床住居《とこすまい》、今日は水も通らぬ、穀気《ごくけ》通らぬと言うたら、道はどうなる。はあ結構やなぁ、一日の日楽しめば、あちらへ行きこちらへ行き、陽気遊びするも同じ事。（明治35・3・14）

身上が思うようにならないときの「陽気遊び」とは何かを教えてくださっていると悟れます。たとえ余命いくばくもない身上であっても、今日も生かされていて、親神様のなんとかしてたすけてやりたいとの慈悲の心があることを喜ぶ。その心を親神様は受け取って、心倒すことなく勇ませてくだされると思われます。

ところで、「こふき話」（十六年本・桝井本）に、人間創造の目的について次のように記されています。

「とろのうみ《泥海》に、月日りよにん《両人》い《居》たばかりて《で》わ、神とゆう《云》てうやまう《敬》もの《者》なし、なに《何》のたの《楽》しみもなく、人げん《間》をこしらゑ《拵》、そのうゑ《上》せかい《世界》をこしらゑ《拵》て、しゆごふ《守護》をさせば、にんげん《人間》わちよほ《重宝》なるもの《者》で、よふきゆうさん《陽気遊山》を見て、そのたなにごと《他何事》もみ《見》られることとそふだん《相談》さだ《定》まり」　（『こふきの研究』108〜109ページ）

ここに「月日両人居たばかりでは、神と言うて敬う者なし、何の楽しみもなく」という、親神様の人間創造に至った動機が記されています。極めて人間的な、意表をつく理由のように思えますが、ここには非常に深い意味があります。

諸井慶徳氏は次のように説明されています。

「ここに明瞭に見いだされるのは『敬わすために』というごときことが述べられていな

いことである。動機としては『敬うものがない』と記されているが、目的としては、かかることはない。むしろ、もっぱら人間の陽気遊参が見られるからという意味である」

（「教義学概論」『諸井慶徳著作集第六巻』117～118ページ）

「道具衆の神格の場合は、『人間に神として拝させる』という約定《やくじょう》によって創造の御業《みわざ》がなされるのであった。しかし月日両神格の場合は、かかることではなく、ただ『人間の陽気遊参するを見て神も共に楽しみたい』という思念によって創造の御業が企図せられたのである」

（同120ページ）

『天理教教典』第三章「元の理」に「最初に産みおろす子数の年限が経《た》つたなら、宿し込みのいんねんある元のやしきに連れ帰り、神として拝をさせようと約束し、承知をさせて貰《もら》い受けられた」（26ページ）と記されています。この月日親神様との約束によって、天保九年の立教のときに、「み」様のいんねんの教祖が「月日のやしろ」にお定まりくださいます。しかし教祖の場合は、月日親神様が根源神格であるのに対して、あくまでも雛形《ひながた》神格ですから、人間に「神として拝をされる」ことが目的で、人間創造が始められることになります。

これに対して月日親神様の場合は、人間に「神として拝をされる」ことは目的ではなく、あくまでも親として、子である人間と共に楽しむこと、神人和楽の団欒《だんらん》を目的として人間を創造され、いまも変わることなく私たちをご守護くださっているわけであります。

同じく「元の理」に、次のように記されています。

「月日親神は、この混沌たる様を味気なく思召《おぼしめ》し、人間を造り、その陽気ぐらしをするのを見て、ともに楽しもうと思いつかれた」（25ページ）

なぜ「味気なく」思召されたのでしょうか。「こふき話」で「何の楽しみもなく」と示されていますが、なぜでしょうか。

月日親神様は、時空を超越した全知全能の絶対者、この世宇宙を自分のからだとする存在で、自分の思い通りにならないものは何もありませんが、自分とは異なる他者（人間の顔をした人形ではなく、神に反対する可能性、自由な心を持つ人間）がいないために「味気なく」思召すわけです。分かりやすく言うと、ほかに話し相手がいないから、対話をして共に楽しむために人間を創造したということです。
したがって、人間は神と心が通い、出来事を通しての神の目配せ、合図、語りかけを感じ取り、神と対話ができる存在として造られています。

月日にもたしか心がいさむなら
にんけんなるもみなをなし事　七 110

このよふのせかいの心いさむなら
月日にんけんをなじ事やで　七 111

このお歌を、神と人間の連続性、人間が神と霊魂において一体となる、人間が神になるというような、神人合一の根拠とする見方がありますが、神と人間は心において決定的本質的な区別がありますので、その見方は成立しないと思われます。
この意味は、神は可愛《かわい》いわが子である人間と苦楽を共にされるということ、感性や情緒の面で連続し、その面において通じ合う、共振し合うということと悟れます（ただし、神の残念・立腹については人間と同じレベルで考えることはできません）。

にんけんもこ共かわいであろをがな

それをふもをてしやんしてくれ　十四 34
にんけんのハがこのいけんをもてみよ
はらのたつのもかハいゆへから　五 23

次に、おさしづにおいて一番用例が多い「陽気遊び」の意味について思案してみたいと思います。まず「陽気」について、次のおさしづを紹介させていただきます。

神が連れて通る陽気と、めん〳〵勝手の陽気とある。勝手の陽気は通るに通れん。陽気というは、皆《み》んな勇ましてこそ、真の陽気という。めん〳〵楽しんで、後々《あとあと》の者苦しますようでは、ほんとの陽気とは言えん。めん〳〵勝手の陽気は、生涯通れると思たら違うで。（明治30・12・11）

教祖のお望みくださるのは、「めん〳〵勝手の陽気」ではなく、あくまでも「神が連れて通る陽気」、神人和楽であります。このことを決して忘れないようにして通らせていただきたいものです。

ここで、「遊び」の主な性質を列挙してみましょう。

まず第一に自由、自主性です。つまり、遊びとは自由で強制されないものです。

人間創造の目的は、神が「陽気ぐらしをさせる」ではなく、人間が「陽気ぐらしをする」のを見て神も共に楽しむ、となっています。「させる」は強制ですから、そこには真の楽しみ、喜びはありません。もし人間に心の自由がないと考えますと、人間は神の操り人形にしかすぎません。ロボットですから、神の意思通りに動きます。そして、この世は人間にとって完全無欠の理想的な世界になるかもしれませんが、それでは神が演者であり観客である一人芝居、自画自賛の芝居をしているようなもので、そこには神人和楽はありません。したがって、人間にも真の楽しみはありません。

第二の性質は、遊びには目的がなく、何も結果を残さず、たとえ結果があっても、それにとらわれることがないということです。

遊びの目的を強いて挙げますと、時間を忘れて、いま現在を楽しむということです。過去にとらわれたり、未来にこだわる限り遊びは成立しません。過去や未来において遊ぶことなど考えられません。ギャンブルは楽しいものかもしれませんが、一攫《いっかく》千金を目的としていて、その得失に一喜一憂しますので、本来の遊びではありません。スポーツを例に考えますと、勝敗という目的があるように思いますが、それは結果として成立するもので、本来は結果が出るまでの過程を楽しむものです。その結果を目的と錯覚するところに、勝敗をめぐって醜い争いが生じたりするわけです。

遊びの第三の性質は、共同性、社会性、たすけ合いということです。

遊びは本来、一人でするものではありません。一人でしても楽しくありません。一人の夜遊びなどは健全なものではありませんし、子供の一人遊びには危険が伴います。たとえば、かくれんぼ、鬼ごっこなどを考えてみますと、多人数で、しかもそれぞれに役割が決まっています。また、その役割も固定されずに順番に変わっていきます。だから遊びが楽しいのです。役割が長く固定されると、遊びは消滅します（陽気遊びの役割と場所は、生まれかわりによって、また徳といんねんによって変わると悟れます）。

この役割はまた、「道具」という言葉でも教えられています。

残らず道具良い道具ばかりでも働き出来ん。良い道具悪《あ》しき道具合わせて出ける。日々働きから分かりて来る。よう聞き分け。（明治34・6・14）

また、諸々の道具は一つの目的をもって使われる必要があります。それを「一手一つ」として教えられているように悟れます。

一手一つの理を治めば、皆受け取る。（明治22・5・19）

一手一つに皆結んでくれるなら、どんな守護もする。（明治31・1・19）

また次のようにも教えられています。

皆《み》んな一つの心で治まりて居りゃ、神が連れて通る。神が連れて通れば危なきは無い。（明治31・2・27）

遊びの第四の性質は、遊びにはルールがあるということです。これは、スポーツを考えてみても、すぐに理解できるでしょう。

先に紹介したおさしづに、「めん〳〵勝手の陽気」と「神が連れて通る陽気」があります。「陽気」と「遊び」を入れ替えますと、「めん〳〵勝手の遊び」とは、言うまでもなく自分だけが楽しんで、周りの人や親、社会を困らせる「遊び」です。「神が連れて通る遊び」とは、これも言うまでもなく「陽気遊び」、神人和楽の遊びです。では、この「陽気遊び」のルールとは何でしょうか。それは、親神様・教祖の教えをしっかりと胸に治め、親の声を素直に聞いて、たすけ一条のご恩報じの御用をつとめることです。

つとめさいちがハんよふになあたなら
天のあたゑもちがう事なし　十　34

最後に、遊びの純粋な形、極致が「踊り」であると悟れますので、これに少しふれておきます。

踊りは非日常の祭りなどにおいて執り行われます。踊ることで人は忘我、精神的な興奮を味わうことができます。忘我とは自分の外に出ること、閉ざされた自分からの解放であり、日常性からの解放として、共に踊る人々との共感、自分を超える大いなるもの、つまり神との一体化を経験できます。

踊りは「ハレ」で、それによって「ケガレ」を払うとも考えられます。また、閉ざされた自分を解放することによって、自分を超えたもののエネルギーが体内に流れ込むとも思案できます。しかし非日常ですから、一時的なものと考えられます。

「こふき話」（十六年本・桝井本）に、次のような記述があります。

「（かぐらづとめは）よふきゆうさん《陽気遊山》おとり《踊》をする事なり。この人じゆう《衆》十人、なりもの《鳴物》かず《数》九ツもつて《以》神をいさめること《事》なり」（『こふきの研究』131ページ）

つまり、かぐらづとめは「陽気遊山踊り」で「神を勇める」ものと教えられています。おつとめは「陽気遊山」「陽気遊び」の、この世における具体的な現れ、神人和楽の一つの姿と悟れます（『稿本天理教教祖伝逸話篇』一九「子供が羽根を」で、教祖はお手振りを教えられるときに、「正月、一つや、二つやと、子供が羽根をつくようものや」と仰せられていますが、これは「陽気遊山踊り」のことを教えられていると悟れます）。

みなそろてはやくつとめをするならバ
そばがいさめバ神もいさむる　　一 11

このつとめなにの事やとをもている
せかいをさめてたすけばかりを　　四 93

このみちをはやくをしへるこのつとめ
せかい一れつ心すまする　七 99

はや〳〵と心そろをてしいかりと
つとめするならせかいをさまる　十四 92

つとめてもほかの事とわをもうなよ
たすけたいのが一ちよばかりで　十六 65

「このつとめは、人間個々の身上や事情に限らず、更《さら》に、豊かな稔りや平和の栄えなど、広く世界の上に、親神の恵《めぐみ》を及ぼすつとめである。ここに、恵は遍《あまね》く一れつに及び、人類は、ひとしく親神の子として、兄弟《きょうだい》姉妹であることに目覚め、互《たがい》に立て合い扶《たす》け合《お》うて、世界は、一つ心の陽気ぐらしの世と立て替《かわ》る」

（『天理教教典』22ページ）

あとがき

立教百六十六年（平成十五年）に父（村上領一《りょういち》）の『これからこれが仕事や』（道友社刊）が上梓《じょうし》され、ちょうど十年後に本書を出版していただくことになりました。ともに教祖の年祭活動の一年目という不思議な縁に、親神様・教祖のご守護と、身に余る光栄を感じさせていただいております。

父は若いころから、自らを「泉東《せんとう》初代（村上幸三郎《こうざぶろう》）の生まれかわり」と信じきり、八十八歳で出直すまで、生涯たすけ一条の道を通りましたが、事あるたびに仕込んでいただいたことは、初代が教祖に直接おたすけいただいたご恩への報恩と、おたすけを通して教えていただいた「生かされている大恩」への生涯末代の報恩の信仰であります。これらは、私の信仰と教理理解の盤石の礎《いしずえ》となっています。

また、大学入学後は父から、学問とは「我苦悶《がくもん》」であり、おさしづに「俺《おれ》が〳〵というは、薄紙貼《は》ってあるようなもの。先は見えて見えん」（明治24・5・10）と戒められているので、低い心で勉強をするようにと、よく仕込まれました。

そのときは意味が分かりませんでしたが、哲学を通して自分の無知と学問の厳しさを知るようになり、おたすけの実践をするようになって、少しずつ理解できるようになりました。

昭和四十九年の正月、専攻していた哲学の卒業論文を再度失敗し、中退を考えていたとき、自教会の元旦祭のあとで、おみくじのようにして引いたおふでさきのお歌に、

したるなら神のほふにもしんちつに
たしかひきうけはたらきをする　十三 69

と書かれていました。私はそれを、存命の教祖からの励ましのお言葉と受け取り、もう一度挑戦することを決意しました。

すると、不思議にもいろいろな好条件が重なってきて、自分でも信じられないほどスムーズに執筆がはかどり、劣等生であった私が、厳格な主任教授からお褒《ほ》めの言葉を頂けるような論文を仕上げることができました。存命の教祖の鮮やかなお働きによるものと確信し、四十年近く経過した今でも、存命の教祖への感謝を忘れないようにしております。

論文の題目は『若きヘーゲルの宗教論』で、その内容は今でも私の教理理解の根底にどっしりと据えられています。

昭和五十年、二年留年して大学を卒業し、すぐに父の厳しい指導のもと、たすけ一条の御用をつとめるようになりました。そして、空いている時間を利用して教理の勉強を続けてきました。

本書の執筆を通して、あらためて実感したことは、究極の教えといわれる本教の、教理の奥深さと素晴らしさです。私自身、存命の教祖をより身近に感じさせていただくことによって、いかなる節があっても、それを親神様・教祖からの励ましと受けとめて、これからは今まで以上にたすけ一条に勇往邁進《まいしん》させていただくことを決意しております。まだまだ信仰的に未熟で、教理に関しても浅学菲才《ひさい》の者です。さらなる成人と研鑽《けんさん》の必要を痛切に感じておりますので、本書に対する適切なご批判とご叱正《しっせい》をお願いいたします。

なお、それぞれ文中に出典を明記させていただいておりますが、先輩諸先生方の労作より、適宜引用掲載させていただきましたことをお許し願い、あわせて厚くお礼を申し上げます。

最後に、編集の労をとってくださいました道友社編集出版課の皆さまと、とりわけ原稿の間違い直しや助言、改良をしてくださり、お励ましいただきました佐伯元治氏のご尽力、ご協力、お力添えに対してもお礼申し上げます。

立教一七六年十二月

村上 道昭

村上道昭（むらかみ・みちあき）
昭和24年（1949年）、大阪府堺市生まれ。50年、大阪大学文学部哲学科哲Ⅱ（ドイツ哲学）卒業。53年11月から半年間、ハワイで布教従事。平成４年から16年まで天理大学伝道実習教話講師を務める。現在、天理教泉東分教会役員、三原台布教所長。

教理随想《きょうりずいそう》　教祖《おやさま》を身近《みぢか》に

立教177年（2014年）２月１日　初版第１刷発行

著　者　村上道昭

発行所　天理教道友社
〒632-8686　奈良県天理市三島町271
電話　0743（62）5388
振替　00900-7-10367

印刷所　株式会社天理時報社
〒632-0083　奈良県天理市稲葉町80

ISBN978-4-8073-0581-0
定価はカバーに表示